AF250905

APPEL

A L'OPINION PUBLIQUE

POUR S'ENTENDRE SUR LES VÉRITABLES

BUT ET CONDITIONS DE LA POLITIQUE,

ET SUR LES

MOYENS DE SON APPLICATION LA PLUS UTILE.

PAR

DENIS ALENGRY,

Employé du Commerce.

PARIS.

CHEZ L'AUTEUR, RUE DE L'ÉCHIQUIER, 12.

1849.

Imp. de Mme de Lacombe, rue d'Enghien, 14.

APPEL A L'OPINION PUBLIQUE.

Les sociétés qui sont nées, ont grandi et vieilli, sous le joug du despotisme, ont le malheur d'être tellement identifiées, avec les institutions, les préjugés, et les routines, attachés à cette forme de gouvernement, que, lorsqu'en dépit de toutes restrictions et entraves, leurs lumières et leur civilisation sont assez avancées, pour leur faire sentir la nécessité de modifier les conditions de leur état politique et social, et, pour cela, de se gouverner démocratiquement, elles embrouillent tellement, dans la théorie et la pratique, les principes qu'elles adoptent, avec ceux auxquels elles veulent se soustraire, qu'elles finissent par tomber dans une confusion inextricable d'idées, bâtardes, absurdes ou subversives, et dans une lutte acharnée de partis ou d'individualités, tout-à-fait destructives de l'ordre et de l'intérêt général; ce qui les met en pleine voie de décadence, par la ruine dans laquelle cet état d'anarchie matérielle et morale entraîne tous leurs intérêts, et les fait disparaître, promptement, de la famille des nations dont elles avaient fait partie, pendant plus ou moins long-temps, et où elles avaient brillé d'un plus ou moins grand éclat, pour les faire passer, misérablement et en lambeaux, sous des dominations diverses.

Telle est, évidemment, la position dans laquelle se trouve notre société française depuis soixante ans, et telle sera bientôt sa fin, si, contrairement à celles qui ont disparu par les mêmes causes, nous ne nous empressons de profiter de l'état actuel de remaniement politique et de rénovation sociale, pour mettre radicalement de côté, toutes nos vieilles routines gouvernementales, et nous placer, sans détour ni hésitation, dans la voie de la raison, de la vérité, et des principes naturels, la liberté, l'égalité, et la fraternité, que, depuis si long-temps, nous avons adoptés comme politiques, mais seulement pour la forme, puisque nous nous sommes bornés, ou à peu près, à les inscrire en tête de nos monuments et de nos constitutions, et que leur application a toujours été écartée de nos lois et de nos institutions les plus importantes pour l'intérêt social.

Hors de cette voie, en effet, l'existence de l'homme comme celle des sociétés, ne saurait être qu'une succession permanente de misères, de vicissitudes et de révolutions.

Mais, avant tout, et une fois pour toutes, il est indispensable de s'entendre au sujet de cette voie, et la tracer, d'une manière bien précise, afin que nous puissions la bien connaître, et la suivre invariablement, c'est-à-dire, s'entendre sur les véritables but et conditions de la politique, et sur les moyens les plus propres à atteindre l'un, conformément aux autres, sans cela, nous continuerons à marcher en aveugles et à nous heurter, toujours et partout, contre les hommes et les choses; nous n'éviterons un obstacle, que pour en rencontrer de plus grands, et malgré tous les efforts que nous pourrons ajouter à l'immensité de ceux que nous avons faits, jusqu'ici, dans le but de nous bien gouverner, nous n'aboutirons qu'à l'anéantissement, par des commotions révolutionnaires de plus en plus terribles et fréquentes.

Et, d'abord, quoique le nom ou la forme d'un gouvernement n'en soient nullement le fond, ni la garantie de son fonctionnement le plus utile à l'intérêt général, il est, je crois, de la plus grande importance de garder la forme républicaine démocratique, puisque nous l'avons adoptée, soit à cause du respect que toute nation doit aux institutions qu'elle a, elle-même et librement, créées, et sans lequel, elle ne saurait mériter celui des autres, soit, dans l'intérêt suprême de la stabilité de l'ordre, soit, parce que cette forme est la plus simple, la plus économique et la plus naturelle à l'exercice de la souveraineté du peuple.

Ensuite, il est parfaitement évident, pour qui réfléchit et veut y voir :

Qu'il n'y a de vraie civilisation, que dans le progrès constant du bien-être matériel et moral de la masse sociale, par le développement progressif et l'abondance permanente du travail ;

Que la civilisation actuelle est fausse ou anormale, puisque le bien-être matériel et moral n'existe réellement que pour quelques uns ; que, loin d'être progressif pour la masse, il n'est que rétrograde ; que le travail, loin d'être abondant, manque à une foule de citoyens qui voudraient bien travailler, ou que sa rétribution est insuffisante à la satisfaction de leurs besoins naturels et sociaux les plus simples, et, par suite, qu'en pleine santé et vigueur, ils sont réduits à toute espèce de privations et à s'humilier devant l'assistance privée et publique, qui ne devrait servir qu'aux invalides pauvres ;

Que le travail est la première des nécessités sociales aussi bien que naturelles ; qu'il se compose de quatre branches principales, l'agriculture, l'industrie, le commerce et la politique ; et que cette dernière a exclusivement pour but, la protection et l'encouragement des trois premières, soit un rôle exclusif d'intérêt général.

Par suite, que tous les membres de la société, sans exception, — depuis le chef de l'Etat jusqu'au plus humble citoyen, — ne sont que des travailleurs plus ou moins distingués, diversement qualiiés, et pas autre chose.

Que le travail, joint à l'épargne et à la probité, est et doit être uniquement la source, l'entretien, et l'agrandissement de toute propriété ou de toute aisance, richesse et bien-être, la base principale de l'ordre social et politique, mais qu'il ne saurait être exercé et se développer en toute utilité, que dans la limite la plus étendue de la liberté, de l'égalité et de la fraternité.

Que les monopoles, entraves et priviléges, mis en travers de la liberté du travail et de l'égalité de ses conditions, conjointement avec l'exploitation, par la politique, de travaux spécialement industriels, l'irrationnalité de l'instruction publique, et l'inégale répartition des impôts, sont les causes principales de ses vicissitudes, soit de ses chômages et de sa mauvaise rétribution, et, par conséquent, de la misère ou du paupérisme, de la démoralisation et de toutes les perturbations privées et publiques.

Que l'intérêt privé, est le mobile naturel, souverain et indispensable, de toutes les actions de l'homme et du mouvement social ; que les lois doivent en protéger la satisfaction avec sollicitude, en tant toutefois qu'il ne tourne pas à l'égoïsme ou à la démoralisation, et qu'il n'attente pas à l'intérêt d'autrui ou à l'intérêt général, et afin d'éviter qu'il tourne aux uns et attente aux autres, car plus il est froissé ou dans la détresse, plus il prend forcément et invinciblement cette tournure, attente à ces intérêts et rend l'état de la société fiévreux ou critique.

Que sa satisfaction est la première et la plus solide garantie de l'ordre et de la prospérité publique.

Que l'intérêt moral, soit le développement de la probité et des bonnes mœurs, ne saurait se produire sans la satisfaction préalable de l'intérêt matériel, soit du développement de l'aisance ou de la richesse et du bien-être; la misère étant la cause principale de presque tous les excès reprochables, coupables ou criminels.

Que la prospérité progressive du travail et la satisfaction, par ce moyen, des intérêts matériels et moraux est impossible sans une bonne politique ou un bon gouvernement.

Et enfin, que la meilleure des politiques est la plus simple et la plus honnête, la plus utilement économe, mais la plus généreuse, la plus conciliante, mais la plus ferme et la plus sévère ; ou enfin, la plus conforme à la raison, à la vérité, à la justice, et la plus attentive au respect de tous les droits, à l'accomplissement de tous les devoirs, et à la satisfaction de tous les besoins ou au développement de tous intérêts utiles.

Ce n'est que profondément pénétré de ces considérations, que je fais appel au jugement de l'opinion publique, sur les questions qui font l'objet de ce travail, et de ce point de vue, qu'en ce qui me concerne, je vais essayer de les résoudre.

Ainsi, qu'est-ce que la vraie politique, qu'est-ce que gouverner utilement la société ?

A mon avis, c'est diriger, encourager, protéger et provoquer le développement le plus utile du travail social, et, par là, de la richesse et du bien-être publics, soit, de l'agriculture, de l'industrie, du commerce et de la politique, de l'instruction publique, des mœurs, des idées ou inventions d'utilité publique, et des relations internationales; et cela, avec l'économie la plus utile du personnel administratif et des ressources sociales, en répartissant les charges publiques dans la plus juste proportion possible du revenu de chacun, et, le tout, dans la plus large mesure de la liberté, de l'égalité et de la fraternité.

Si tel est l'objet de la vraie politique, si telles sont ses conditions, comme je le crois et le croirai, fermement, jusqu'à preuve contraire bien convaincante, il est aisé de voir combien, jusqu'à ces derniers temps, celle de nos gouvernements s'en est éloignée, et de s'expliquer par la comparaison, toutes leurs vicissitudes, et l'état anormal et de perturbation dans lequel ils ont nécessairement mis tous nos intérêts sociaux; car, en politique comme en tous autres travaux, les principes faux ou bâtards conduisent toujours à de mauvaises fins, de même que les fausses voies conduisent toujours à de fausses destinations.

En effet, *quant à l'agriculture.*

Est-ce de la vraie politique, est-ce gouverner utilement, est-ce diriger, encourager et protéger le développement le plus utile de son travail, de ses produits et de sa prospérité, que de l'écraser par l'énormité de l'impôt foncier d'abord, et, ensuite, par les impôts indirects sur la production, l'échange, la consommation et les mutations; au point, que l'accumulation de ces charges enlève presque tout le revenu au propriétaire, presque tout le profit du fermier ; ce qui leur rend à peu près impossible toute dépense d'amélioration, élève le prix des denrées sans plus de profit pour ceux-ci, et à l'immense préjudice de toute la société, mais particulièrement des classes ouvrières, qui en forment la plus grande partie, et qui, par ce fait, ne peuvent appliquer à leur bien-être, ou plutôt, au soulagement de leur misère, et par suite, au développement relatif de travail qui pourrait résulter de la beaucoup plus grande consommation de toute espèce de produits qui aurait lieu sans cela, ce que cette inéconomique répartition de l'impôt leur fait payer de trop les denrées?

Est-ce gouverner utilement encore, est-ce protéger et encourager le développement le plus utile de l'agriculture, que de la laisser sans instruction économique sur ses travaux, sans moyens de crédit facile, et à l'entière discrétion de l'usure ?

Il n'est malheureusement que trop clair, que non-seulement ce n'est pas protéger, encourager, etc., cette branche fondamentale du travail social, mais que c'est étouffer ses tendances naturelles, son instinct, qui la poussent toujours à son développement ; qu'en outre, c'est attenter au travail social, à la propriété, à la richesse et au bien-être publics, et agir contrairement à la raison, et aux plus simples lois de l'économie sociale et politique.

Quelle est donc la politique à suivre, touchant l'agriculture, qu'y a-t-il à faire pour gouverner utilement, sous ce rapport, et d'après la ligne tracée?

A peu près le contraire de ce qui a été fait jusqu'ici.

D'abord, réduire à cinq ou six pour cent l'impôt sur le revenu foncier, et supprimer totalement l'impôt indirect et toutes ses restrictions, monopoles, et priviléges, ce qui est parfaitement possible, ainsi que je le démontrerai ultérieurement, tout en procurant à l'état, des ressources plus faciles, toujours suffisantes pour ses besoins, et sans inconvénient pour la société.

Ensuite, faire enseigner l'économie agricole, et simultanément l'économie industrielle, commerciale et politique, dans les écoles primaires, ainsi que dans les secondaires et dans les supérieures, après les avoir mises à la portée de chacun de ces degrés de l'enseignement.

Fonder dans chaque chef-lieu d'arrondissement, un cultivateur d'essai, pris parmi les plus aisés, les plus intelligents et les plus désireux du progrès agricole de la localité, et chargé par le ministre compétent, de faire tous essais de culture ou d'élève de bestiaux, de le tenir périodiquement au courant des résultats obtenus, de les participer à tous les cultivateurs des environs, soit en les réunissant à cet effet, plusieurs fois dans l'année, soit individuellement et à leur commodité; lui donner à titre d'encouragement, un appointement convenable, et gratuitement, toutes graines, plantes et bestiaux d'essai, avec toutes notes ou instructions utiles.

Envoyer des agens spéciaux dans les pays étrangers, pour en obtenir tous renseignemens utiles sur les méthodes de culture, et sur toutes graines, plantes, arbres et bestiaux, jugés bons à être avantageusement naturalisés en France.

Multiplier, sans relâche, les voies de communication par terre, et surtout les chemins vicinaux, perfectionner ceux existans, et ne pas craindre de beaucoup dépenser à cet effet, car l'économie dans le transport des denrées et des matières utiles à leur production, est capitale pour en procurer le bas prix.

Encourager, dans le même but, et par tous les moyens possibles, la multiplication des canaux et des voies de fer.

Fonder, enfin, un établissement général de crédit industriel, ayant comptoir dans chaque chef-lieu d'arrondissement, avec mission de faire des prêts, sur contrat et hypothèque, aux agriculteurs qui pourraient y trouver convenance; contrats qui pourraient être ultérieurement cédés à des capitalistes, avec bénéfice d'intérêt, afin de ne pas épuiser, par leur conservation, et pour ce seul objet, le capital de ces établissements.

Voilà, à mon avis, ce qu'il y aurait à faire, pour gouverner utilement à l'égard de l'agriculture.

Sous une telle politique, en effet, les propriétaires et fermiers, au lieu de s'endetter ou de se ruiner, s'enrichiraient, et les riches ou aisés, encouragés par de meilleurs revenus, au lieu de faire de leurs enfans, comme aujourd'hui la plupart, dégoutés qu'ils sont par de trop faibles, des prêtres ignorants et fanatiques, en général, des médecins sans cure ou des avocats sans cause, qui souvent les ruinent par leur conduite dissolue, et empoisonnent les mœurs en usant leur existence avant d'avoir existé, en feraient à leur profit réciproque et au profit social, des agriculteurs savants ou capables de progrès, riches, honorables et honorés, c'est-à-dire des citoyens utiles au lieu de citoyens nuisibles.

Alors, la population des campagnes, attachée au travail des champs par de meilleurs salaires, n'aurait plus envie d'émigrer dans les villes par l'espoir, presque toujours déçu, d'y trouver un peu moins de peine et un peu plus de bien-être, dans les travaux domestiques ou de l'industrie, de telle sorte, que les travailleurs de ces deux catégories, n'ayant plus leur concurrence, offriraient moins leurs services, qui par ce motif seraient mieux rétribués, et les artisans, industriels ou commerçans, ne pouvant plus, par la même raison, produire au gré de leur ambition et en dehors d s besoins de la consommation, ne pourraient pas, ou pourraient beaucoup moins encombrer le marché, ce qui procurerait plus de demandes de leurs produits, et leur laisserait toujours, contrairement à aujourd'hui, le profit de leur travail et de celui de leurs capitaux.

Alors, enfin, la vie deviendrait à bon marché, d'où résulterait nécessairement pour les masses, leur aisance, leur bien-être, et leur moralisation qui en est inséparable ; et la population pourrait s'accroître progressivement et pendant des siècles, sans craindre de la voir souffrir ni obligée d'émigrer, par défaut d'aisance et d'alimentation, car la production agricole dépasserait toujours les besoins de la consommation ; le sol français, économiquement exploité, pouvant nourrir abondamment une population cinq à six fois plus nombreuse que celle d'aujourd'hui.

Quant *à l'industrie et au commerce.*

Est-ce faire de la vraie politique, est-ce gouverner utilement, est-ce encourager, protéger et provoquer le développement le plus utile de la richesse et du bien-être publics, par celui de leurs travaux, que d'en frapper les produits ou services, directement ou indirectement, simplement ou d'une manière multiple, de l'impôt indirect, soit des droits de douane, d'octroi, de régie, de timbre, etc.; ou de réserver à l'état, le monopole de la production et du commerce de certains, d'élever ainsi plus ou moins et artificiellement, le prix de tous, d'en réduire dans le rapport de cette élévation, et au delà, la consommation intérieure et extérieure, et à la fois, le travail de production et d'échange? Conséquemment, de rendre le travail rare, et les travailleurs abondans, d'où résulte l'avalissement de celui-là, et la misère de ceux-ci qui, sont ainsi en butte à toutes les souffrances de la privation, à la démoralisation, et à toutes ses funestes conséquences pour eux et pour la société?

Un seul exemple, du reste, touchant un seul impôt, celui des douanes, et un seul article, celui des sucres, suffira pour convaincre les plus incrédules, des désastreux effets de l'impôt indirect, dans l'économie du travail social.

Le sucre, qui coûte aujourd'hui, en moyenne, 1 fr. 60 c. le kilogramme, comprend dans ce prix 1 fr. environ de droit de douane.

Il est bien évident, que s'il ne coûtait que le prix de production, soit 60 c. le kilogramme, ou 6 sous la livre au lieu de 16, la consommation en quintuplerait au moins, parce qu'alors il serait à la portée des ressources de tout le monde.

Or, cette consommation, qui n'est aujourd'hui que d'environ 100 millions de kilogrammes ou de 60 millions de francs, droits déduits, soit de 20 millions environ, pour la part du travail national de production et d'échange de cette denrée, se quintuplant, élèverait le chiffre de ce travail à 100 millions.

En outre, comme ceux qui ont aujourd'hui le moyen de payer le sucre 1 fr. 60 c. le kilogramme, économiseraient ce franc qu'ils appliqueraient, nécessairement, à la consommation d'autres produits de l'industrie, le travail de production de ceux-ci s'élèverait des 100 millions de droits, que paie actuellement la consommation annuelle du sucre.

De plus, comme les produits, en réalité, ne s'échangent que contre des produits, en demandant à l'étranger (car sans les droits de protection, la sucrerie indigène ne pourrait exister), pour 200 millions de sucre, il nous demanderait nécessairement en retour, pour 200 millions de produits de notre industrie, ce qui en élèverait d'autant le travail de production ou d'échange, et porterait la totalité de celui auquel le sucre donnerait lieu, annuellement, à 400 millions, au lieu des 60 millions seulement qu'il produit aujourd'hui.

Et enfin, outre cet avantage prodigieux, il y aurait encore celui de mettre l'industrie sucrière à la portée des ressources d'un bien plus grand nombre d'industriels, puisqu'on pourrait faire autant d'affaires avec 60 mille francs, qu'aujourd'hui avec 160,000, ou de permettre aux industriels d'aujourd'hui d'en faire, presque trois fois plus, avec le même capital, et, par conséquent, d'avoir un profit presque trois fois plus grand.

Qu'on juge d'après cela, outre le bien-être que procurerait à la population la consommation annuelle de 400 millions de kilogrammes de sucre de plus, et pour 100 millions de plus de tous autres produits, et rien que par rapport à ce droit et à cet article, du développement prodigieux que pourrait prendre le travail social, terrestre et maritime, par la suppression totale de l'impôt indirect, et par suite, du préjudice énorme qu'il porte à la richesse et au bien-être publics !

Est-ce de la vraie politique, est-ce gouverner utilement, est ce diriger, encourager et provoquer le développement de l'industrie et du commerce, que de laisser la société sans instruction économique sur ces travaux, au point, que lorsque les jeunes gens ont terminé leurs études, essentiellement composées de latin, de grec, de musique ou de poésie et autres quasi-inutilités, et qu'ils sont arrivés au moment d'administrer leurs biens, ou d'embrasser un état quelconque, pour gagner leur vie ou agrandir leur fortune, ils ne savent pas plus ce que c'est que le travail, l'épargne, le crédit, un compte, une facture, un journal, échanger ou négocier, spéculer, écrire en style de commerce, gouverner et administrer un pays, le servir, diviser utilement le travail, etc., que s'ils arrivaient de l'autre monde ; en un mot, ils arrivent à ce moment, ne sachant rien de ce qu'il importe le plus à tout le monde de savoir, pour arriver à satisfaire utilement aux besoins principaux de l'existence, ou de la vie privée ou publique.

D'où il résulte, que, même après une longue expérience de l'industrie et du commerce, on n'en connaît en général que la routine, on n'en comprend l'économie que tout-à-fait de travers ; au point, par exemple, de croire qu'il n'est possible de gagner que ce que l'on raccroche plus ou moins habilement à autrui dans l'achat ou la vente ; qu'on gagne d'autant plus, qu'autrui perd davantage ou se ruine ; que le commerçant est d'autant plus capable, qu'il est plus roué, maquignon, charlatan ou agioteur ; que la concurrence rationnelle est un fléau ; que la concurrence irrationnelle ou excessive est occasionnée par le despotisme des grands capitaux s'exerçant sur les petits, etc. ; croyances ou doctrines aussi absurdes, inéconomiques et anti-sociales, que toutes celles si fatalement répandues dans ces derniers temps ?

Est-ce faire de la vraie politique, est-ce gouverner utilement, est-ce protéger et provoquer le développement et la prospérité du travail, de l'industrie et du commerce, que de laisser le crédit sans organisation et à l'état anarchique ; monopolisé par les grands centres de population, exploité principalement par l'agiotage, qui n'en fait sortir que déceptions et ruines, que tempêtes politiques et sociales ; que de mettre ainsi les industriels et commerçans des petits centres de population ou des lieux isolés, à la merci des usuriers, ou des fi-

nanciers des grands centres, et dans le cas, ou de se ruiner, par les
lourdes charges que dans ces conditions le crédit leur impose, ou
de se passer du crédit, et par là, de ne pouvoir exercer ou entre-
prendre une foule d'industries qui, à cause du plus bas prix de
main-d'œuvre, pourraient, bien plus avantageusement pour la société, s'exploiter dans les campagnes ou les petites villes, que dans
les grandes, dont on éloignerait ainsi cette masse de population flot-
tante, qui n'y vit que d'une manière misérable, s'y démoralise et y
fermente sans cesse contre tous les pouvoirs, tandis que répandue
sur tous les autres points du territoire, elle y féconderait de son
travail le sol et l'industrie, et y vivrait dans l'aisance et le calme?

Est-ce gouverner utilement, enfin, est-ce protéger, encourager le
développement le plus utile du travail, de l'industrie et du commerce, par celui du crédit, que de donner aux créanciers le mons-
trueux privilége de la contrainte par corps, contre leurs débiteurs commerçans, involontairement ou volontairement insolvables, pour les
forcer, mais en vain, soit qu'ils ne le puissent, soit qu'ils ne le veuillent,
à payer des dettes résultant toujours de marchés, librement, conve-
nus entre eux, souvent même imposés par ceux-là, en raison de leur
influence sur ceux-ci, dont ils sont toujours censés, ou devraient
toujours connaître, sinon positivement, du moins d'une manière très
approximative, le degré de solvabilité matérielle ou morale, et ne
leur accorder leur confiance que dans ce rapport; de faciliter ainsi
les ruineux abus du crédit, car comptant sur ce privilége pour au
besoin les contraindre, autant qu'il se peut, à payer, ils tiennent
peu de compte de leur bonne ou mauvaise foi, et le leur accordent
sans mesure, pourvu qu'ils puissent arriver à les tenir assez sous leur
dépendance, pour pouvoir les exploiter à leur gré?

D'où il résulte, que la probité ou la bonne foi, qui est une des
principales conditions sociales, et la base essentielle de l'industrie
et du commerce, disparaît de plus en plus; les laisse en proie,
ainsi que la société, à toutes les dévastations de l'improbité et de
l'égoïsme; que le crédit ne sert point à ceux qui le méritent et pourraient le garantir et l'utiliser au profit social, mais à une foule d'am-
bitieux insensés, qui n'ont que peu ou rien à perdre; et qui, pour
arriver promptement à la fortune, ou du moins pour le tenter, ne
tenant aucun compte du travail et de l'épargne, ni quelquefois de la
probité, ni de la ruine à peu près générale de leurs prédécesseurs
dans cette voie funeste, ne reculent devant aucun danger ou sacrifice
pour arriver à un grand crédit, et par là, à des affaires colossales,
qui, faites nécessairement dans des conditions ruineuses d'achat et
de vente ou autres, et sans opportunité, contribuent au plus haut
degré aux encombremens du marché et aux désastreux excès de la
concurrence; à l'immense préjudice, d'abord, des industriels aisés et
prudens, qui sont forcés de subir les cours anormaux de cette production ou de ces opérations désordonnées; et ensuite, à celui non
moins grand des classes ouvrières, par l'abaissement successif des
salaires, et les chômages inséparables de ces affaires forcées, et des
faillites ou liquidations de plus en plus nombreuses, qui sont la con-
séquence inévitable de ces scandaleux abus du crédit?

Il n'est, en vérité, pas plus raisonnable d'appeler tout cela gouverner, encourager et provoquer le développement de l'industrie et
du commerce, que de soutenir, par exemple, que la cherté des marchandises en développe la vente et la fabrication; que l'on travaille
beaucoup mieux dans l'obscurité qu'avec le grand jour, ou sans les
instrumens nécessaires qu'avec tous ceux qu'il faut; que l'abondance
du travail et le bas prix des produits sont nuisibles; que la misère
et la démoralisation sont utiles; et enfin, que les révolutions et l'a-
narchie sont des avantages sociaux.

Or, puisqu'évidemment une telle politique n'est pas la vraie, puisqu'elle n'a pour résultat que de décourager, paralyser et ruiner l'industrie et le commerce, qu'y a-t-il à faire pour gouverner utilement à cet égard?

A peu près le contraire de ce qui a été fait jusqu'ici, ainsi que pour l'agriculture, et à peu près comme pour elle.

Supprimer tous les impôts indirects, avec leurs rectrictions, monopoles et priviléges.

Faire de l'économie industrielle, commerciale, agricole et politique, l'objet principal de l'instruction publique, dans tous les degrés de l'enseignement; mais surtout, mettre ces connaissances à la portée des écoles primaires et y donner gratuitement l'instruction; obliger tous les citoyens, sans distinction, à y envoyer leurs enfants jusqu'à un âge déterminé, pour y puiser les premiers élémens des connaissances industrielles et politiques, car il est de la plus grande utilité sociale, que le riche connaisse aussi bien que le pauvre, la théorie du travail et de l'épargne.

Donner à toutes les voies de communication par terre, tout le perfectionnement dont elles sont susceptibles, les multiplier sans relâche, provoquer sans cesse, et par tous les moyens d'encouragement, la multiplication des canaux et voies de fer, afin que le transport des marchandises qui, pour un très grand nombre, compose en très grande partie leur valeur, tombe à aussi bas prix que possible, et que la consommation et le travail de production et d'échange, puissent se développer dans ce rapport.

Etablir des agens dans tous les pays étrangers, susceptibles de réciprocité de rapports commerciaux, pour y rechercher toutes les matières et produits propres à être employés avantageusement par notre industrie, voir quels sont ceux de nos produits qu'il serait avantageux d'y exporter; en un mot, y étudier tous les procédés, machines ou méthodes de production et de commerce, la nature des relations commerciales que la France pourrait établir avec eux, provoquer ces relations par tous les moyens utiles et autorisés dans ces pays, leur offrir enfin toute réciprocité, et leur garantir bon accueil et protection chez nous ou dans nos possessions, pour tous leurs commerçans ou voyageurs.

Protéger contre la concurrence étrangère, par des primes directes à la production et suffisantes pour cela, nos quelques industries en retard et susceptibles de la soutenir ultérieurement, industries dont le nombre serait bien moins grand qu'on ne pense, car l'abolition de l'impôt indirect sur tous les produits en réduirait notablement les prix. Quant aux primes, elles se trouveraient largement dans les 200 millions au moins, que coûtent aujourd'hui la perception des impôts indirects, les frais qui les concernent et le service des primes à l'exportation.

Fonder un établissement de crédit général pour toute la France, ayant des comptoirs dans tous les chefs-lieux d'arrondissement, des correspondans dans les cantons et communes; de telle sorte, que l'industrie et le commerce de tous les points du territoire puissent escompter, gratuitement de change, et au même taux d'intérêt, et le plus bas possible, leur papier sur tous les autres points. Enfin, une organisation telle, qui fît circuler le crédit sur tous les points de la France, de la même manière qu'on fait arriver l'eau d'un torrent ou d'un fleuve sur toutes les parties d'une prairie.

Et qu'on ne croie pas, qu'il fût difficile de former le capital de cet établissement, car il suffirait, pour cela, de demander seulement un demi pour cent de plus du revenu général annuel, à la contribution publique, établie comme on le verra ultérieurement, pour arriver, dans dix ans, à raison de 150 millions par an, à la somme de 1,500 millions, qui, augmentée de deux fois autant en billets, soit portée à 4,500,000,000, pourrait largement suffire à tous les besoins de la circulation sociale.

Et pour que ses services pussent être immédiats, il n'y aurait qu'à créer d'abord le capital tout en billets ayant cours forcé, et qu'on pourrait rendre remboursables par dixième, après la première année, et progressivement jusqu'à la totalité au bout des dix ans, par la réalisation annuelle et successive des 150 millions par an, tout en réduisant chaque année d'autant le capital billets, qui, au terme, se trouverait juste du double du capital argent.

Mais il faudrait que cet établissement fût tout-à fait en dehors des attributions du gouvernement, et seulement sous sa protection et surveillance, parce que l'état, qui doit être exclusivement politique, ne peut, ne doit, et ne saurait être utilement financier, ni commerçant; il faudrait, en un mot, que cet établissement fût une propriété sociale, et non politique, que tous ses directeurs fussent électifs et à vie, que tous ses employés fussent intéressés aux bénéfices dans le rapport de leurs appointemens et de leurs cautionnemens pour ceux qui manieraient des fonds ; et enfin, que les bénéfices restans, après leur participation à un certain chiffre de réserve pour parer aux éventualités de perte, fussent attribués à l'Etat en dégrévement de la contribution publique, ce qui serait pour la société un second avantage.

Outre ces deux avantages, cet établissement pourrait encore donner ceux non moins importants:

De recevoir et payer pour l'Etat, ce qui permettrait d'économiser les frais des recettes générales et particulières, et des payeurs de l'armée;

De fournir, à bas prix, les fonds nécessaires aux monts-de-piété ;

De faire, à bas prix, toutes espèces d'assurances:

Et, enfin, d'exploiter les chemins de fer pour le compte de la société à mesure qu'expireraient les concessions, car ce serait un grand malheur pour l'intérêt public, que l'Etat fût jamais chargé de ces exploitations, à cause de son inspécialité radicale pour les travaux industriels, ce qui, dans ce dernier cas, donnerait lieu à des gaspillages effroyables et compromettrait le bon fonctionnement de la machine gouvernementale, en la compliquant à l'infini.

Et en somme, outre ces diverses mesures ou institutions, il faudrait abolir la contrainte au corps en matière commerciale.

Voilà, suivant moi, ce qu'il y aurait à faire pour gouverner utilement, relativement à l'industrie et au commerce.

Avec une telle politique, au lieu de ne voir dans l'industrie et le commerce que déceptions et ruines, au lieu de les voir désertés tous les jours davantage, par beaucoup de ceux qui possèdent, dans la crainte, bien fondée, d'y laisser leur avoir, fuis, et en quelque sorte méprisés, par une foule d'autres, riches également, et qui, non sans raison, en redoutent pour leur fortune et leur considération les dangers et les mœurs, on les y verrait tous accourir, assurés qu'ils seraient, d'y voir fructifier leurs capitaux et leur travail, tout en y conservant ou agrandissant leur considération.

Alors le travail, aujourd'hui insuffisant et à vil prix, deviendrait abondant, permanent, et nécessairement mieux rétribué, ce qui non seulement arracherait au paupérisme, la masse de travailleurs qu'il dévore, à la honte et pour la condamnation de la civilisation actuelle, et de la politique affreuse qui nous en a affligés, mais leur procurerait l'aisance et le bien-être, leur permettrait enfin de prétendre et d'arriver à la fortune dont, jusqu'ici, ils ont été fatalement exclus, et épargnerait à l'Etat toute dépense pour le droit d'assistance qui, d'ailleurs, serait toujours insuffisant pour soulager au même degré la misère publique, et humiliant, quoi qu'on en dise, pour ceux qui seraient forcés d'y recourir.

Quant à *l'instruction publique.*

Est-ce faire de la vraie politique, est-ce gouverner utilement, est-ce encourager, protéger et provoquer le développement de l'instruction, que de la renfermer dans un programme qui n'est susceptible de produire que des prêtres, des médecins et des avocats, quand il devrait être dressé et avoir pour but, tout-à-fait principal, de produire des agriculteurs, des industriels, des commerçans et des politiques, capables de donner à leurs professions, — fonctions ou devoirs, qui sont ceux de l'universalité des citoyens, — toute l'utilité nécessaire au développement du travail social et politique, de la richesse et du bien-être publics?

Que de soumettre l'industrie de la presse, qui est l'instrument souverain, et à peu près exclusif, de l'instruction et de son rayonnement sur toute l'humanité, à des conditions de fiscalité et de privilége destructives, au plus haut degré, de son utilité morale et matérielle?

Quant *aux mœurs.*

Est-ce faire de la vraie politique, est-ce gouverner utilement, est-ce encourager, protéger et provoquer leur développement, que de mettre toute espèce d'obstacles à celui du travail dont l'abondance et la prospérité pourraient, seules, en garantir l'amélioration progressive?

Quant *aux idées d'utilité publique.*

Est-ce faire de la vraie politique, est-ce les provoquer, que de ne rien faire pour en faciliter la production, et même de l'empêcher jusqu'à un certain point, par les restrictions apportées à la liberté de la presse?

Quant *aux inventions.*

Est-ce faire de la vraie politique, est-ce les encourager, les protéger et les provoquer, que de vendre les brevets, et de mettre ainsi beaucoup d'inventeurs dans le cas de ne pouvoir les acheter, faute de ressources, ce qui les prive du fruit souvent très coûteux de leurs inventions, et la société des avantages qui en résulteraient pour elle, ou les oblige, pour avoir de quoi les acheter, à dire leur secret à des tiers qui souvent le leur volent, ou se font intéresser dans l'exploitation pour une part usuraire?

Tout cela ne saurait s'appeler gouverner utilement la société, mais la gouverner d'une manière atroce, car c'est étouffer le développement de ses facultés et de ses intérêts.

La vraie politique à suivre à l'égard de ces quatre points, serait à mon avis :

Relativement à l'instruction, d'abandonner le programme négatif et même subversif, suivi jusqu'ici, et de lui en substituer un de positif, c'est-à-dire, composé principalement des connaissances économiques, sociales et politiques, et de toutes autres, dans l'ordre et les conditions les plus utiles au développement le plus productif de tous les travaux, et les mettre à la portée des trois degrés de l'enseignement, mais surtout de l'enseignement primaire. — De fonder une école normale destinée à donner des professeurs capables aux écoles de ce dernier degré, afin que la masse, si elle n'a pas le temps ou les moyens de beaucoup apprendre, puisse trouver dans ces établissemens, au moins, les premiers et principaux élémens des connaissances les plus utiles, à la fructification de ses facultés ou aptitudes intellectuelles et physiques.

D'appliquer, à la propagation de ces connaissances, l'institution éminemment fraternelle des frères de l'école chrétienne, dont l'enseignement est trop exclusivement religieux, et s'écarte, par ce fait même, du but essentiel de socialisation des divines doctrines du Christ.

D'obliger chaque manufacturier, à donner l'instruction primaire, dans chacun de ses établissements où il y a des enfants, et pendant au moins une heure par jour, au moyen d'un ou plusieurs de ses employés, ayant la capacité pour cela, et gratifiés d'une subvention de l'État, pour les encourager à atteindre les résultats les plus utiles.

De supprimer, enfin, toutes restrictions et priviléges, attentatoires à la liberté de la presse, sauf à rendre les auteurs de toute publication reprochable, responsables de leurs excès contre l'intérêt public ou privé.

Relativement aux mœurs, outre les efforts de moralisation de nos religions diverses, la meilleure politique serait de faire ce que j'ai indiqué ou indiquerai, touchant le travail agricole, industriel, commercial et politique, car, je le répète, le travail est la principale garantie des mœurs, de la probité et de l'ordre, en même temps que de la richesse et du bien-être privés et publics.

Relativement aux idées d'utilité publique, elle serait, de fonder une commission permanente de savans, chargés d'examiner toutes celles qui lui seraient adressées, et de faire publier aux frais de l'Etat, dans un journal spécial, non seulement celles de distinction, mais même celles qui lui paraîtraient d'une utilité douteuse, afin que l'opinion publique, qui est le meilleur juge en cette matière, désignât au Gouvernement, par les soins de cette commission, celles qui seraient susceptibles d'application, et par suite d'encouragement ou de récompense.

Et enfin, relativement aux inventions ou perfectionnemens mécaniques, la vraie politique serait de donner les brevets gratuitement, et d'acheter ceux des inventions reconnues de grande utilité générale, et à prix équitablement arbitrés, pour les livrer au domaine public.

Alors, ce serait gouverner utilement sous ces divers rapports.

Alors, en effet, au lieu de ne voir sortir des écoles que des machines à lire et à écrire, et des colléges, que des nullités sociales et politiques, ou à peu près, bonnes seulement à fausser la civilisation, par leurs routines, leurs erreurs, leurs illusions et leurs préjugés, à la rendre insupportable par leurs déceptions, les ruines et les misères qui s'ensuivent, on n'en verrait sortir que des hommes à la raison droite et au jugement sain, prenant l'existence pour ce qu'elle est, la société pour ce qu'elle doit être, les hommes et les choses pour ce qu'ils valent ou doivent valoir, ayant l'intelligence la plus utile de leurs besoins et de leur satisfaction, de leurs droits et de leur jouissance, de leurs devoirs et de leur accomplissement, comprenant l'importance et l'économie du travail, la nécessité et l'utilité de l'épargne, de manière à savoir marcher droit et sans encombre privé ni public, à l'aisance ou à la fortune et au bien-être matériel et moral, enfin de véritables agriculteurs, industriels, commerçans et politiques, ou travailleurs

Alors, l'industrie ou le travail du journalisme et de la librairie, et tous ceux qui en dépendent, prendraient un développement prodigieux, par le bas prix de leurs produits, et répandraient, à grands flots, l'instruction sur tous les points du territoire, concurremment avec les écoles primaires ou spéciales de l'Etat, et l'enseignement libre; ce qui donnerait une impulsion immense au développement de nos lumières, au perfectionnement de nos mœurs, et aux véritables progrès de nos industries et de notre civilisation.

Alors, les bonnes idées d'utilité publique, politiques ou sociales, dont nous sommes si pauvres aujourd'hui, sortiraient de partout comme par enchantement, et pousseraient, avec énergie, le mouvement social et politique, dans la véritable voie de la civilisation, de la richesse et du bien-être publics.

Alors, enfin, les inventions et perfectionnemens industriels et scientifiques, viendraient mettre nos industries, nos sciences et nos arts, dans le cas, sinon de surpasser, du moins de rivaliser facilement ceux des pays les plus civilisés.

Quant *aux relations internationales.*

Est-ce faire de la vraie politique, est-ce gouverner utilement, est-ce diriger, encourager et provoquer le développement le plus utile de ces relations, que de s'immiscer dans les affaires intérieures ou extérieures d'un pays quelconque, dans tout autre but d'intérêt privé, que celui d'établir avec eux des rapports intersociaux de toute loyauté?

Que d'intervenir, à main armée, isolément ou de concert avec quelqu'autre nation, dans les affaires intérieures ou extérieures de n'importe quel pays, dans un but quelconque, autre que celui de faire respecter l'inviolabilité de son territoire, possessions, commerce ou sujets, violés sans provocation grave de la part de ce pays?

Que de profiter des occasions de guerre, quelque légitime qu'elle soit, pour agrandir son territoire ou ses possessions, ou dans un but de civilisation, ou de colonisation, ou pour y trouver des débouchés aux excédents de produits de la métropole, ou des déversoirs pour le trop plein de sa population?

Que de fermer ses frontières, ou à peu près, aux produits des pays étrangers, ou de les frapper de droits accablans, pour favoriser les similaires des industries intérieures, dont les progrès ne sont pas assez avancés pour leur permettre de lutter avec la concurrence étrangère, ou dont les conditions naturelles s'opposent à ce qu'elles produisent les mêmes objets à aussi bas prix?

Une telle politique n'est que destructive des relations internationales, parce qu'elle n'est que criminelle, absurde et ruineuse; il suffit, pour s'en convaincre parfaitement, de l'examiner avec quelqu'attention, au point de vue des droits, des devoirs et des besoins naturels et sociaux.

En effet, elle est criminelle, dans le premier cas, parce qu'une nation, pas plus qu'une famille, n'a le droit d'influencer l'harmonie ou l'économie intérieure, de quelque nature qu'elle soit, d'une autre, pas même pour la rendre meilleure, ni à plus forte raison pour la troubler ou l'exploiter à son profit; et que tout acte de cette nature est plus ou moins attentatoire à la liberté, au bien-être, aux intérêts ou à la prospérité de la dernière.

Dans le second, parce que violenter à main armée, sans motif parfaitement légitime, le territoire ou le peuple d'une nation, n'est qu'un brigandage, absolument de même nature, que le même attentat commis contre la propriété privée ou la famille.

Dans le trosième cas, en ce qui touche l'appropriation, parce que les occasions de guerre viennent toujours de la mauvaise politique des gouvernemens, et non des peuples; dont on ne doit jamais les rendre victimes, si ce n'est pour supporter les dommages et indemnités, ce qui, quoique juste, est déjà assez malheureux pour ceux-ci; et que dépasser cette limite, en confisquant le territoire, c'est attenter au plus haut degré à la propriété, et rendre un peuple entier injustement victime des fautes ou des crimes, dont quelques-uns de ses membres, ou ses gouvernans, se sont rendus coupables.

Elle est absurde, dans le troisième cas encore, et relativement à la civilisation, parce que chaque peuple doit songer au progrès de la sienne, qui n'est jamais parfaite, et laisser aux autres le soin de s'occuper de la leur; où n'y coopérer, que par le plus grand développement possible, de ses relations commerciales extérieures avec eux, moyen mille fois plus efficace à cet effet, que le canon, le sabre ou les batailles, qui détruisent tout, loin d'aider à un progrès quelconque.

Dans le même cas, elle l'est encore et au plus haut degré, touchant la colonisation et son objet, parce que quand un pays a fait des sacrifices immenses pour cela, soit en hommes, soit en argent, et que ses rapports avec ses colonies pourraient commencer à lui être effectivement profitables, elles s'émancipent, pour peu qu'elles soient importantes et distantes de la métropole; et si elles ne sont pas importantes, loin de prospérer, la protection, comme elle a été entendue jusqu'ici, étouffe leur industrie; de telle sorte, que dans l'un et l'autre cas, les sacrifices de toute espèce des métropoles sont complètement perdus.

Pour ce qui est des produits coloniaux, elle ne l'est pas moins, parce que les métropoles auraient cent fois plus d'avantages, à les acheter au commerce étranger; et leur marine marchande, qu'elles croient favoriser par la protection coloniale, le serait infiniment plus par la liberté du commerce, parce que le bas prix de ces produits, qui en résulterait, comme je l'ai démontré, en quintuplerait au moins la consommation, et par suite l'échange et le transport, s'il ne les décuplait pas.

Elle l'est encore, relativement au débouché colonial, pour l'excédent des produits métropolitains, parce que les métropoles n'y trouvent par ce moyen, que celui qu'elles y achètent beaucoup plus chèrement que ce qu'il vaut, par la consommation obligée de leurs produits, grevée des droits énormes de protection, qui s'étendent à tous les similaires venant d'ailleurs.

Elle l'est aussi, quant à l'utilité des colonies, comme déversoir des excédens imaginaires de population des métropoles; d'abord, parce qu'il n'y a réellement pas d'excédent de population dans un pays quelconque, si ce n'est, en apparence, et dans ceux, malheureusement trop nombreux encore, où les gouvernemens ne savent pas, ou ne veulent pas l'occuper tout entière, en maintenant les restrictions, monopoles, priviléges et droits, qui s'opposent au beaucoup plus grand développement que pourrait y prendre le travail.

Ensuite, parce que c'est gaspiller honteusement la fortune sociale, que de favoriser une émigration quelconque de travailleurs métropolitains, soit à cause des inconvéniens économiques et de climat que ceux-ci trouvent ordinairement à ces colonies, soit parce que chaque travailleur est un capital créé par la métropole, et dont elle peut avoir grand besoin un jour ou l'autre, et toujours, si elle sait l'occuper, et que si elle facilite son émigration elle perd ce capital, plus les frais qu'elle est obligée de faire pour son établissement et la protection qu'elle lui doit.

En effet, chaque travailleur qui s'expatrie pour les colonies ou ailleurs, s'il était susceptible de gagner 1000 fr. par an, est pour la métropole une perte sèche, ou à peu près, de 20 à 24,000 fr., outre les frais de protection, s'il part comme colon.

Cette politique est encore absurde dans le quatrième cas.

D'un coté, parce que c'est faire supporter à ses contribuables seuls, ou aux consommateurs de l'intérieur exclusivement, et non à l'étranger, comme on le croit assez généralement, les droits de protection dont ses produits sont frappés, ainsi que les primes à l'exportation, et cela pour le profit, seulement apparent, des producteurs qu'on entend protéger; car leurs avantages sont loin d'être aussi importans que ceux qu'ils retireraient du surplus de production, procuré par la beaucoup plus grande consommation, qui aurait lieu, sans ces droits ni les prohibitions, ainsi que nous l'avons déjà vu, et avec le secours de la protection directe.

Et de l'autre, parce que c'est gouverner contrairement à l'économie aussi évidente que merveilleuse de la nature, ou aux desseins de Dieu, qui, dans le but de la socialisation et du bien-être universels, a varié à l'infini les aptitudes des climats, des terrains et des peuples ou des individus, afin d'obliger ceux-ci à se rapprocher pour échanger leurs produits respectifs, ou leurs services spéciaux, de manière à ce que, chaque pays comme chaque individu puisse participer à la généralité de ses dons, à la seule condition pour l'homme, de l'aider de son travail; ce qui implique naturellement, qu'il a entendu que les peuples puissent opérer ces échanges entre eux, sans entraves d'aucune espèce, ou d'une manière parfaitement libre.

Et enfin, elle est ruineuse sous tous les rapports, par les armemens prodigieux et permanens qu'elle nécessite, par la masse d'individus qu'elle distrait improductivement du travail social, ou dont elle sacrifie la vie, par les intérêts immenses qu'elle met en perturbation. dans les cas de guerre ou seulement d'éventualité, et par le gaspillage incalculable des ressources sociales, auquel donnent lieu la protection et toutes ses spéculations inéconomiques.

Voilà en somme, et à peu près, quelle a été jusqu'ici, la politique internationale de la France , et, malheureusement aussi pour l'humanité, celle des autres nations en général.

Voilà comment on a entendu et pratiqué la justice, le développement de la fraternité et des rapports commerciaux entre les peuples.

Comment veut-on, après cela, que les relations internationales d'intérêt matériel et moral, puissent se développer utilement ?

C'est bien évidemment impossible, parce que l'égoïsme, qui est le caractère exclusif de cette politique, divise l'intérêt général ou universel de l'humanité, en autant de parties qu'il y a de nations, et met autant de barrières , de restrictions ou d'entraves, à son développement, qui ne saurait se produire d'une manière normale, que par les rapports les plus faciles, les plus multipliés et les plus loyaux, dont la liberté, l'égalité et la fraternité, seules, peuvent donner le moyen.

Aussi, tant qu'une pareille politique sera la règle de ces relations, la vie sociale ne sera qu'un fardeau, et la civilisation qu'un rêve , parce que l'exercice de l'une et les progrès de l'autre seront enrayés par les luttes barbares, politiques et sociales, soit les guerres et les révolutions, que la division de l'intérêt universel continuera à exciter entre tous les peuples, et chez eux-mêmes, entre leurs citoyens.

Maintenant, ce qu'il y aurait à faire pour gouverner utilement sous ce rapport, ce serait de conformer la politique extérieure à ce divin précepte : Ne fais pas à autrui ce que tu ne voudrais pas qu'on te fît; et à cet autre : Fais pour autrui ce que tu voudrais qu'il fît pour toi; car les deux sont l'enseignement le plus complet et le plus pur de la fraternité ou des devoirs sociaux, dont l'accomplissement est aussi obligatoire et utile, dans les rapports de nation à nation, que de famille à famille, et d'individu à individu.

Ainsi, il faudrait :

Reconnaître toutes possessions territoriales ou autres actuelles, et de fait, pour possessions de droit, mais sans garantie aucune pour ou contre les parties intéressées.

Agir de même à l'égard des gouvernemens nouveaux, non imposés par l'étranger.

S'abstenir de toute intervention, directe ou indirecte, diplomatique ou armée, dans les affaires politiques intérieures des pays voisins ou autres (chacun devant avoir le droit de faire chez soi ce qu'il entend).

N'envahir les territoires étrangers, que par suite d'invasion ou de tentative, ou pour refus de réparation d'outrages ou préjudices graves; les évacuer, dans l'un ou l'autre cas, après avoir obtenu satisfaction, indemnités ou garanties suffisantes et raisonnables, et, en tous cas, ne descendre à cette extrémité, qu'après avoir épuisé tous les moyens possibles de conciliation.

S'opposer, par tous les moyens possibles, à l'envahissement des pays limitrophes ou européens, par une nation quelconque, non provoquée à cette extrémité, par l'invasion chez elle, ou le refus de réparation d'outrages ou préjudices graves. Dans ce dernier cas, obliger les envahisseurs à évacuer les pays envahis, après avoir obtenu satisfaction de ceux-ci ; dans l'un et l'autre cas, ne recourir à la voie des armes, qu'après l'inutilité reconnue de tous moyens pacifiques, et en faisant appel au concours des nations voisines ;

Offrir spontanément son arbitrage officieux, dans tous les cas de rupture de bons rapports entre deux ou plusieurs Etats limitrophes ou européens ; inviter à la même démarche les nations voisines ;

Respecter toute nationalité, limitrophe ou européenne, divisée par la conquête, étant ou se mettant en lutte avec ses conquérans, pour tâcher de se regrouper, ainsi que toute nation modifiant à son gré sa forme de gouvernement ; faire opposition, par toute sorte de moyens, à toute intervention pour ou contre l'une des parties, belligérantes, dans le premier cas, ou opposantes dans le second; car, après Dieu, les peuples n'appartiennent qu'à eux-mêmes ; ils ont toujours le droit, à leurs risques et périls, de se gouverner ou se faire gouverner, comme et par qui ils l'entendent, et, nécessairement aussi, de se débarrasser d'un joug quelconque, comme aussi de s'y soumettre ;

S'abstenir de toute espèce de colonisation, cette œuvre de civilisation ne pouvant s'effectuer, avec utilité, que par l'initiative d'intérêt privé des particuliers; émanciper toutes les colonies ou possessions, si la majorité de leurs habitants le désire. Dans le cas contraire, les assimiler sous tous les rapports à la métropole, en les décrétant départemens de la même unité, et y ouvrir libre accès et protection à tous les étrangers qui iraient s'y établir ;

Etablir et entretenir, avec sollicitude et sans cesse, des rapports loyaux entièrement libres et gratuits, de commerce et d'amitié, avec toutes les nations susceptibles de rapports réciproquement utiles, exciter et encourager le développement de ces rapports, par une hospitalité grande et généreuse envers tous étrangers;

Et enfin, en tous cas de guerre avec un pays quelconque, respecter et protéger ses navires et son commerce extérieur, comme en plein état de paix; tout attentat à ces propriétés ou à cette faculté, étant un préjudice plus ou moins grave, porté à l'intérêt général de l'universalité des peuples.

Un temps viendra, au moins il faut l'espérer, où il sera possible d'établir, comme d'honorables philanthropes l'ont proposé, un tribunal suprême d'intérêt international européen, peut-être même universel, formé de délégués de toutes les nations, pour vider pacifiquement, tous les différends qui surgiront entre elles; mais ce ne sera possible, que lorsque tous les peuples comprendront, que leurs intérêts sont identiques et solidaires, qu'il leur est souverainement nuisible de mettre aucune espèce d'égoïsme, de barrière ou d'entrave, dans leurs rapports, et qu'ils se gouverneront eux-mêmes et par nationalités, ou que les dynasties se résigneront à les gouverner, exclusivement pour eux, et non pour elles-mêmes et quelques castes de privilégiés.

En attendant, il appartient à la France, de prendre l'initiative du respect le plus profond, et du développement le plus libre et le plus large, des intérêts, des droits, et des rapports internationaux.

Voilà, je crois, ce qui serait faire de la vraie politique internationale, politique qu'il ne serait plus nécessaire, d'ourdir ni de tramer dans l'ombre, ni de confier, pour la bien diriger, à des capacités introuvables, ni à la rouerie, à l'artifice ou à l'intrigue, mais qu'on pourrait avouer hautement, et diriger avec facilité, par le seul instinct de la droiture, à cause de sa simplicité, et appuyée qu'elle serait exclusivement, sur la raison, la justice, l'équité, et l'intérêt de tous les peuples.

Alors il serait facile d'économiser, au moins trois cents millions par le désarmement d'une grande partie de l'armée et de la flotte, car avec cette politique, loin d'avoir des ennemis en perspective, nous n'aurions dans toutes les nations, voisines ou éloignées, que des amis empressés à l'approuver, à accepter nos offres pacifiques et avantageuses, et, par suite, à adopter une politique semblable pour le plus grand profit de leur prospérité et de la nôtre.

Quant à *gouverner avec l'économie la plus utile du personnel administratif*:

Est-ce faire de la vraie politique, est-ce gouverner utilement, sous ce rapport, que de livrer une foule de fonctions, d'emplois et l'avancement, à la servilité, à l'intrigue, au népotisme, et aux partis, et, par suite, à l'incapacité et à l'inexpérience ? Que de les leur enlever à peine mis en possession, pour en investir d'autres avec des droits ou dans des conditions semblables, sans égard pour les services, l'expérience, le mérite, l'émulation, la stabilité des gouvernemens, et les besoins des administrés ? Que de prostituer, le caractère de magistrat, des membres de l'administration ? que d'attenter à leur liberté politique ? que d'en faire des corrupteurs ou des corrompus en les obligeant, sous peine de la perte de leur position, ou sous le coup de cette menace, à se faire les instrumens électoraux ou des passions de ces pouvoirs insensés et indignes, qui, n'ayant en vue que leur intérêt privé de parti ou de caste, ne craignent pas de braver, ainsi, les manifestations de la volonté du peuple qui les repousse, ni de se porter à tous les excès de leur autorité, contre les citoyens courageux qui osent les affronter, en dénonçant l'iniquité de leur politique égoïste et machiavélique ?

On conviendra que ce n'est ni gouverner, ni administrer, mais désorganiser et paralyser l'économie de la machine administrative ou gouvernementale, ou bien en compliquer et fausser le mécanisme, de manière, à ne lui faire produire, que des résultats non seulement négatifs, mais destructifs de l'intérêt général.

C'est opprimer, déconsidérer et décourager l'administration, qui, dans l'intérêt de la stabilité des gouvernemens, du respect qui en est la sauvegarde, devrait rester irréprochable et énergique aux yeux de la société ; c'est la rendre injuste et oppressive envers celle-ci, et provoquer sa haine, sa résistance, l'anarchie et les révolutions.

Pour faire de la vraie politique et gouverner utilement, sous ce rapport, il faudrait toujours faire, à peu près le contraire de ce qui a été fait jusqu'ici ; ainsi il faudrait :

D'abord, régler l'admission, l'avancement et la retraite, par une loi conçue de telle sorte, que les employés ou fonctionnaires du plus bas degré de l'échelle administrative, pussent prétendre à arriver successivement au plus élevé, y parvenir, dans la mesure de leurs services et de leur mérite, et qu'il ne fût plus possible d'arriver, de plein saut, à une position élevée quelconque, celle de ministre, d'ambassadeur ou chargé de pouvoirs, et toutes électives exceptées, sans avoir préalablement passé par les degrés inférieurs; car, on en conviendra, il est tout aussi absurde, de faire tout à coup un préfet ou un sous-préfet, etc., d'un simple citoyen, qu'il le serait d'en faire un général, ou un capitaine.

Et si j'en excepte les ministres, les ambassadeurs ou chargés de pouvoirs, c'est parce qu'ils ne sont que les sous-conducteurs, à l'intérieur et à l'extérieur, de la machine administrative ou gouvernementale, dont le chef de l'Etat est le seul conducteur, et tout le reste le mécanisme, et que celui-ci doit pouvoir les changer, toutes les fois que l'opinion publique, utilement et suffisamment exprimée, se plaint de leur insuffisance, d'énergie, d'intelligence, ou de dévouement à l'intérêt général ; quant aux électives, chacun comprendra l'utilité de l'exception.

Organiser ou diviser le travail administratif, de manière, à ce que chaque partie des services publics, dont la bonne exécution nécessite, de la part des employés ou fonctionnaires, une initiative ou des combinaisons plus ou moins importantes, depuis le surnuméraire jusqu'au directeur général, fît l'objet d'une spécialité ; que cette spécialité fût remplie par un sujet d'une aptitude spéciale ; que celui-ci en fût, exclusivement, le chef et l'ingénieur responsable envers son supérieur, et l'unique ordonnateur, envers ses subalternes, de telle sorte, qu'il n'eût à s'occuper que de sa spécialité, c'est-à-dire qu'il eût ses coudées parfaitement franches (sauf inspection) pour combiner et agir, suivant les ordres supérieurs et les principes, dans toute la latitude de son temps et de son intelligence, et que le travail, ainsi élaboré partiellement, arrivât à sa destination ou à sa fin, de responsabilité en responsabilité, depuis le sommet de l'administration jusqu'à la base, ou de la base jusqu'au sommet, avec le profit complet des aptitudes de chaque spécialité de la hiérarchie administrative.

Ensuite, conférer l'inamovibilité aux fonctions ou emplois administratifs (toujours excepté celles des ministres à l'intérieur et à l'extérieur et des électives), et ne la rompre, que pour les cas de démoralisation, prévarication, refus de service ou rébellion envers les supérieurs, ou de toutes autres fautes graves, qui devraient faire l'objet d'une pénalité spéciale, appliquée seulement par les tribunaux ordinaires, à la diligence et sous la responsabilité de tous fonctionnaires responsables et immédiatement supérieurs.

Et, enfin, après avoir élagué de l'administration, tout ce qu'il y a d'emplois ou de fonctions superflues ou inutiles, rétribuer largement le personnel restant, soit pour l'intéresser à bien remplir ses fonctions, et lui permettre de vivre sans gêne, et avec la représentation nécessaire au rang de chacun de ses membres, soit pour lui ôter tout prétexte de prévarication, soit pour l'indemniser du sacrifice qu'il fait, d'une partie de son indépendance pour le service de l'Etat, et des avantages plus importans, qu'il pourrait trouver dans l'industrie, l'ordre politique et social une fois bien constitué.

Voilà ce qu'il y aurait à faire, pour gouverner avec l'économie la plus utile du personnel administratif.

Alors, en effet, la machine administrative se trouverait simplifiée, de tous ses rouages superflus ou mauvais, et pourrait fonctionner avec une précision et une activité inconnues jusqu'ici, car n'étant composée que de sujets spéciaux ou expérimentés, qui n'auraient qu'un désir, celui d'avancer, — qu'une ambition, celle de se distinguer, pour avancer plus rapidement. et, avec cela, la certitude de voir leurs efforts justement récompensés, chaque employé ou fonctionnaire produirait pour le moins autant de travail, que trois ou quatre d'aujourd'hui, et un travail d'un mérite incomparablement supérieur.

Alors l'administration ne serait plus du tout un instrument d'intérêt privé, mais tout à fait d'intérêt général, ce qui la rendrait respectable et respectée, et donnerait à nos gouvernements toute la force et le prestige nécessaires ; en outre, ceux-ci ne pouvant plus s'en servir arbitrairement, seraient toujours contraints à suivre la ligne politique la plus droite, pour le plus grand profit de leur stabilité et de leur indépendance, ce qui n'empêcherait pas, qu'ils ne trouvassent chez elle toute l'obéissance et la déférence utiles au bien du service, car le désir d'avancer, et la nécessité, pour cela, de faire son devoir, la rendrait d'une docilité beaucoup plus normale, que celle qu'on en obtient, aujourd'hui, par la voie illibérale de l'intimidation.

Alors, enfin, l'indépendance politique du personnel administratif étant garantie, il n'y aurait plus à craindre de le voir peser sur l'opinion publique ou les élections, ni faire bon marché de la liberté des citoyens ou de l'équité, ni, par conséquent, utilité à maintenir un système quelconque d'incompatibilités avec les fonctions de représentant du peuple, parce qu'il ne serait plus possible à nos gouvernemens de renforcer ou de se former, au moyen de fonctionnaires corrompus ou intimidés, des majorités serviles ou dévouées quand même.

Quant à *gouverner avec l'économie la plus utile, des ressources sociales.*

Est-ce gouverner de la sorte, que d'employer annuellement, lorsqu'on pourrait s'en dispenser, et avec un immense avantage, ainsi que je le démontrerai ultérieurement, deux cents millions de trop, au moins, pour la perception des impôts, y compris les frais d'exploitation des diverses manufactures de l'Etat, frais qui, par le fait de son inspécialité, pour toutes espèces de travaux industriels, et du défaut de concurrence, coûtent quatre à cinq fois plus, que si ces mêmes travaux étaient exécutés par l'industrie, et d'enlever au moins soixante mille hommes de trop, au travail social, pour cette œuvre inéconomique et de ruine ?

Est-ce gouverner avec l'économie la plus utile des ressources sociales, que de dépenser cinq cents millions au moins, et en plein état de paix, pour les cinq cent mille hommes de notre armée de terre et de mer, quand, avec une politique intérieure et extérieure rationnelle, il suffirait, et bien au delà, de deux cents millions et deux cent mille hommes, ainsi que je l'ai fait observer un peu plus haut ?

Mais, surtout, est-ce gouverner dans cette condition, que d'emprunter pour couvrir les dépenses extraordinaires ou ordinaires, à des taux et conditions effroyablement, mais forcément usuraires, et au seul profit de quelques financiers, auxquels on fait, par ce moyen, des fortunes colossales, au préjudice de la sueur et des épargnes de la masse des contribuables, et d'alimenter ainsi l'agiotage et ses désastreuses conséquences, quand, avec un système rationnel d'impôt comme celui que j'indiquerai plus loin, la contribution annuelle pourrait solder facilement les dépenses de chaque exercice, quel qu'en fût le chiffre utile, et sans gêner les contribuables ?

Non ! ce n'est pas gouverner utilement, mais exclusivement gaspiller la richesse publique et ouvrir le gouffre de sa ruine.

En effet, relativement au premier et au second cas, si l'on considère que, outre les 200 millions, d'une part, et 300 de l'autre, ensemble 500 millions dépensés mal à propos, le travail, ou la richesse publique, ou sociale, perd annuellement, le produit de celui que ne font pas, et que pourraient faire les 360 mille hommes employés, improductivement, au service des finances, ou à celui de la guerre, travail qui, estimé seulement à 500 francs par homme, donnerait un chiffre annuel de 180 millions, on verra si ce n'est pas avec raison, que je qualifie de gaspillage horrible cette dépense, ou perte annuelle inutile, de 680 millions.

Quant au troisième cas, comme chacun peut s'en convaincre, les divers emprunts contractés par l'Etat, depuis 1797 jusqu'aujourd'hui, s'élèvent environ à 6 milliards.

Or, si l'on veut bien faire attention, qu'ils ont été négociés. en moyenne, à au moins 30 p. 0|0 de perte, ou au-dessous du pair, on verra qu'ils ne lui ont produit effectivement, que 4,200,000,000, la différence, soit 1,800,000,000, constituant la prime laissée aux capitalistes souscripteurs, pour les décider à échanger leur argent contre ses titres.

Si l'on veut bien remarquer, ensuite, que pendant cette période de cinquante ans, les contribuables ont servi annuellement les intérêts de ces divers emprunts, on trouvera qu'ils ont bien versé au trésor, ou perdu en intérêts sur leurs versemens, une somme au moins équivalente à trois fois le chiffre actuel de la dette, soit 18,000,000,000

Or, si au lieu de l'emprunt, ils eussent fourni aux besoins extraordinaires de l'Etat, d'une manière directe, par la contribution, et au fur et à mesure de ses besoins, ils n'auraient payé, bien certainement, que les 4,200,000,000, que l'emprunt lui a procurés, et perdu seulement les intérêts de cette somme, ce qui, pendant la même période de cinquante ans, en aurait également triplé le chiffre, et l'aurait porté seulement à . . 12,600,000,000

qui, déduit du précédent, donne la différence énorme de. . . . . . - . . . . 5,400,000,000 constituant la perte effective des contribuables jusqu'à ce jour.

Maintenant, si on ajoute à cette perte le chiffre de . . . . : 6,000,000,000 de la dette, qu'ils auront à payer ultérieurement, à moins qu'ils ne préfèrent en servir perpétuellement la rente usuraire, ce qui serait bien pire, on trouvera que la perte totale, ou le préjudice que leur a occasionné l'emprunt de ces

4,200,000,000 , est à ce jour de 11,400,000,000

D'après cela, je prie qu'on dise si j'exagère en avançant que c'est gaspiller la fortune publique et ruiner la société !

Mais, que faire à l'égard de ces trois points?

Toujours à peu près le contraire de ce qui a été fait jusqu'ici.

Abolir tous les impôts indirects et, naturellement aussi, leurs administrations, moins celles de l'enregistrement et des postes, dont l'utilité publique est incontestable, mais dont les services doivent être gratuits, pour produire toute leur utilité.

Supprimer toutes manufactures et travaux industriels que l'Etat a exploités jusqu'ici.

Supprimer 300 mille hommes de l'effectif de l'armée de terre et de mer.

Renoncer à toute espèce d'emprunt ou d'usage du crédit, pour toujours.

Pourvoir aux dépenses extraordinaires, au moyen d'un fonds de réserve de 3, 4 ou 500 millions, formé par une dotation spéciale annuelle, d'une centaine de millions.

Rembourser la dette publique, au moyen d'une dotation spéciale annuelle de la même importance, jusqu'à extinction complète.

Payer toutes les dettes flottantes, avec le produit de la vente de toutes les propriétés de l'Etat, quelle qu'en soit la nature, car comme il ne doit être ni financier, ni agriculteur, ni industriel, ni commerçant, mais seulement politique ; comme, par suite, il ne doit avoir ni dettes, ni créances, ni échéances, ni aucune éventualité de banqueroute, et qu'il ne doit fonctionner ou pourvoir à ses dépenses, que par la contribution publique, il est parfaitement inutile, qu'il ait des propriétés ou des capitaux, et du crédit.

Appliquer l'excédent du produit de cette vente, à la formation du fonds de réserve, et, le reste, s'il y en avait, à l'extinction de la dette publique, concurremment, avec la dotation spéciale à cette destination.

Par les deux dotations dont je viens de parler, le budget des dépenses se trouverait élevé de 200 millions par an, plus, d'autres 200 millions, pour le service des primes à la production industrielle, indiqué plus haut; plus, enfin, de 100 millions encore, ou environ, pour les diverses améliorations dont j'ai fait ressortir l'utilité, ou les indemnités à accorder aux employés ou fonctionnaires supprimés; soit d'une somme totale de 500 millions.

Mais cette somme se trouverait justement balancée, par les 500 millions économisés, savoir : 200 millions sur le service des finances, et 300 sur ceux de la guerre ou de la marine.

Ainsi, tout en rendant à la société, les 360 mille hommes inutiles aux finances, et à la guerre, ou à la marine, qui lui donneraient un travail productif annuel de 180 millions de plus, tout en donnant à l'industrie, soit à l'agriculture, à l'industrie et au commerce, leur liberté entière ; au travail et à la richesse et au bien-être publics, tout le développement dont ils sont susceptibles, et sans demander aux contribuables un centime de plus, que ce qu'ils ont payé jusqu'ici, pour la contribution ordinaire, et même en réduisant annuellement leurs cotes, le budget actuel des dépenses, qui est de 1,800,000,000 environ, se trouverait réduit, dans peu d'années, à 1,400,000,000, par la cessation du service de nos 400 millions de rentes ou d'intérêts de la dette.

Alors ce serait faire de la vraie politique, alors ce serait gouverner avec l'économie la plus utile des ressources sociales.

Quant à *répartir les charges publiques dans la plus juste proportion possible des ressources de chacun :*

Est-ce faire de la politique sur cette base, est-ce gouverner dans cette condition, que d'employer, à cet effet, l'impôt indirect, qui fait payer à l'ouvrier qui, à la sueur de son front, ne gagne que 500 ou 1,000 francs par an, et à tous autres gagnant encore moins, le même impôt indirect sur le vin, la viande, le pain ou le blé, le tabac, le sel, et sur toutes choses de première nécessité, qu'à l'employé de l'État, de l'industrie ou du commerce, qui a 2, 3, 4, 5, 6, 10,000 fr., ou beaucoup plus, d'appointemens; et quoique celui-ci ne consomme pas plus de ces objets ou d'une foule d'autres que lui, ou quoiqu'il en consomme de qualités supérieures?

Cet ouvrier n'est-il pas imposé, par ce fait, dans une proportion 5, 10, 20 ou 100 fois, etc., plus forte que cet employé ? Pourtant leur fortune à chacun, qui ne consiste que dans leur travail, n'est-elle pas de la même nature ? Celui-là n'est-il pas un citoyen de chair et d'os comme celui-ci ? Ne va-t-il pas, et plus souvent que celui-ci, — parce que ses moyens ne lui permettent pas de s'en dispenser, — verser son sang pour la patrie? Ne travaille-t-il pas aussi bien que lui, et dans des conditions bien plus pénibles et désagréables, à l'agrandissement de la richesse sociale?

Et cette disproportion révoltante d'impôt, n'enlève-t-elle pas, le plus injustement du monde, une notable partie du salaire de cet ouvrier, soit au moins le quart, quand il gagne 1,000 francs, et dans une bien plus grande proportion pour celui qui gagne moins; ne l'attache-t-elle pas fatalement, comme tous ses pareils, qui forment la masse sociale, à une misère inévitable et plus ou moins grande;

cette misère n'est-elle pas un obstacle insurmontable, à une infiniment plus grande consommation des produits de l'industrie, et au
développement relatif du travail, et cette misère enfin, et l'insuffisance de consommation et de travail qui la complique, au plus haut
degré, ne sont-elles pas les causes principales, du bouillonnement
constant des masses, de leur irritation permanente contre tous les
pouvoirs, et ne produisent-elles pas, inévitablement, la démoralisation et les perturbations qui nous affligent?

Cet individu, qui a 50,000 francs, qu'il a économisés sur le fruit
de son travail, ou qu'il tient d'un héritage, n'importe, et qui, avec
cette somme et un crédit d'autant, achète une propriété de 100,000 fr.,
parce qu'il compte, dans dix ou vingt ans, pouvoir économiser assez
pour s'acquitter ; ne paye-t-il pas la même somme de droits de mu-
tation, que celui qui en achète une autre, du même prix, avec 100,000
fr. à lui appartenant? Pourtant, la fortune de celui-ci, n'est-elle pas
double de celle de celui-là, et par ce motif, n'est-il pas deux fois plus
imposé que l'autre ; or, cela peut-il s'appeler faire de la vraie politique, ou répartir les charges publiques, dans la plus juste proportion
possible, des ressources de chacun?

Cet autre, qui fait un héritage de 100,000 francs, par la mort de
son oncle, qui lui lègue en même temps, 90,000 francs de dettes,
n'est-il pas tenu de payer la même somme de droits de succession,
sous peine de falloir renoncer au peu qui peut lui revenir de cet
héritage, et dont il a grand besoin, que son voisin, qui en a eu un
de pareille somme, d'un oncle qui ne devait rien? Le premier ne se
trouve-t-il pas dix fois plus imposé que le dernier, puisqu'en réalité il
n'hérite que d'une somme dix fois moindre ; cela peut-il encore
s'appeler gouverner utilement, ou répartir les charges publiques,
dans la plus juste proportion possible, des ressources de chacun?

Relativement à l'impôt direct :

Est-ce gouverner utilement et répartir les charges publiques d'a-
près ce principe, que d'imposer plus fortement une maison qu'une
autre, parce que celle-là a un plus grand nombre de portes et fenê-
tres que celle-ci, et quoiqu'elles aient coûté l'une et l'autre le même
prix, et qu'elles donnent le même revenu?

Ou de faire payer la même patente à deux marchands ou industriels, du même état, ayant le même loyer et placés dans la même
rue, et quoique l'un fasse trois ou quatre fois plus d'affaires que
l'autre?

Ou encore, de ne faire payer à celui qui gagne 5, 10, 15 et 20 fr.
par jour, etc., que la même cote personnelle, qu'à celui qui ne gagne que 2 ou 3 francs?

Ou enfin, et relativement au remplacement militaire, qui, s'il n'est
pas un impôt, n'en est pas moins une charge publique, de mettre le
malheureux qui n'a rien, et ne gagne dans son année, que 3 ou 400 f.
ou même 1,000 francs, ou qui n'a pour tout revenu mobilier ou foncier que l'une de ces sommes, dans le cas, ou de ne pouvoir se faire
remplacer, quoique, dans un très grand nombre de cas, il y eût tout
intérêt pour lui ou pour les siens, ou de payer un remplaçant, le
même prix, que celui qui a 5, 10, 15 ou 20 mille francs de rente, ou
plus, et d'être forcé, par là, de se ruiner, ou de s'endetter, quelquefois pour toute sa vie?

Il faudrait vraiment avoir perdu la raison, ou être de la plus in-
signe mauvaise foi, pour soutenir, que tout cela c'est répartir les
charges publiques dans la plus juste proportion possible des ressources de chacun, ou que c'est faire de la bonne politique, ou gouverner utilement la société.

Quant à moi, et j'aurai, j'en suis convaincu, l'assentiment de tous
les hommes sensés et de bonne foi, je dis qu'une telle politique n'est

pas de notre époque, mais des temps de la féodalité et de la barbarie ; qu'une telle répartition des charges publiques, n'est qu'une immense iniquité, qu'un attentat flagrant à l'égalité, à la justice et à la propriété, une oppression monstrueuse du pauvre, un privilége scandaleux pour le riche, mais en même temps, un préjudice incalculable pour l'un comme pour l'autre, et pour toute la société ; car tous les intérêts se tiennent et sont solidaires ; ainsi, tout ce qui nuit aux intérêts du pauvre, nuit en même temps aux intérêts du riche (abstraction faite, pourtant, des riches par privilége, vol, ou usure), et par contre, tout ce qui met en prospérité les intérêts de l'un, agrandit forcément les intérêts ou la fortune de l'autre.

Or, que faire pour répartir les charges publiques, dans la plus juste proportion possible, des ressources de chacun?

Toujours à peu près le contraire, de ce qui a été fait jusqu'ici, savoir :

Abolir tous les impôts indirects et les trois directs que j'ai indiqués, ne laisser subsister que l'impôt foncier, qui seul est rationnel, parce qu'il porte directement sur le revenu, et frapper de la même manière, les revenus des capitaux personnel et mobilier.

En effet, tous les membres de la société, moins pourtant ceux qui ne peuvent travailler, ayant l'un de ces trois revenus, ou deux, ou tous les trois ensemble, il est évident, qu'en demandant à chacun d'eux, un tant pour cent, égal pour tous, de celui ou de ceux qu'il possède, ainsi que cela se pratique aujourd'hui pour le revenu foncier, on doit arriver à la plus juste répartition possible de la contribution publique, d'après le principe de la proportionnalité.

Et il n'y a pas lieu de craindre, comme on pourrait le croire, qu'il soit nécessaire de frapper trop fortement ces trois revenus, pour suppléer à l'importance du produit de l'impôt indirect, ni des trois directs dont je veux aussi la suppression, ni qu'il soit impossible, d'atteindre convenablement, les revenus personnels et mobiliers ; en voici la preuve.

Quant au revenu personnel, son importance est telle, qu'il suffirait, à lui seul, pour supporter toutes les charges publiques, sans gêner, tant s'en faut, les contribuables, comme ils le sont, par le système bâtard actuel de l'impôt, et le moyen de l'atteindre, efficacement, est fort simple.

Quant à son importance, en effet, elle est très facile à déduire, et voici cette déduction.

La France a aujourd'hui 36,000,000 d'habitans, je suppose que le 1/4, soit 9,000,000, est composé de vieillards, d'infirmes ou d'enfants, au-dessous de 10 ans, reste 27,000,000 d'individus, valides, travaillant ou pouvant travailler, et par suite, produire un revenu par leur capital personnel, ou l'application de leurs facultés à un travail quelconque.

Je suppose, ensuite, que ces 27,000,000 de travailleurs, que je divise en cinq catégories, de 5,400,000 l'une, chacune d'elles gagne ou puisse gagner, annuellement et par tête :

La première.	100 fr.
La deuxième.	300
La troisième.	600
La quatrième.	1,000
La cinquième.	3,000
L'ensemble produit un total de.	5,000

et une moyenne de 1,000 francs par individu, ce qui n'a rien d'exagéré, ainsi qu'il est facile de s'en convaincre par ce classement.

Or, en multipliant le chiffre de 27,000,000 de travailleurs, par la moyenne du produit annuel de leur travail, 1,000 francs, j'obtiens l'énorme revenu annuel de 27 milliards.

Telles sont les ressources immenses, que la routine et le défaut d'appréciation du capital travail, ont, jusqu'ici, empéché de voir renfermées, dans le capital personnel.

Maintenant, faisons pour son utilité ultérieure, l'ensemble des revenus des trois capitaux, personnel, foncier et mobilier.

Le revenu personnel est donc de . . . 27,000,000,000 fr.

Le revenu du capital foncier, ce capital, d'après les évaluations les plus compétentes, étant de 75,000,000,000 francs, est à raison de 4 0/0 de 5,000,000,000

Le revenu du capital mobilier est bien, au moins, de la même importance, que celui de ce dernier, puisque, contrairement à celui-ci, chacun en possède une quantité plus ou moins grande, ainsi j'ajoute 5,000,000,000

Ce qui donne une importance totale de. . 55,000,000,000 fr. au revenu général annuel de la France.

Ainsi, en demandant aux contribuables, seulement 5 0/0 de ce revenu, l'état obtiendrait une somme de 1,815,000,000 qui serait parfaitement suffisante, pour ses besoins et ceux des villes, après la suppression des octrois, avec celle de tous les impôts indirects.

D'après cela, il est facile de voir la différence immense, qu'il y aurait pour les contribuables, entre l'assiette de la contribution sur cette base, et celle sur laquelle elle repose aujourd'hui.

En effet, l'ouvrier gagnant 1000 francs, au lieu de payer en impôts indirects, sur sa viande, son vin, son pain, son tabac, etc., de l'année, le quart de cette somme, soit 250 francs, comme il paie aujourd'hui, ainsi que chacun peut s'en rendre compte, ne payerait plus que 50 francs, par la contribution directe sur le revenu de son travail, soit 200 francs de moins.

Et le propriétaire foncier ou agriculteur, qui paie aujourd'hui 1,600 francs, environ, pour chaque 10,000 francs de revenu, n'en payerait plus que 500, ainsi que le propriétaire de maisons, qui, avec les autres cotes de l'impôt direct, paie environ 3,000, pour un revenu pareil.

Ce qui donne la mesure du développement inouï, que ne pourraient manquer de prendre l'industrie et le travail, soit par la somme prodigieuse de ces économies, qui s'appliqueraient nécessairement à la consommation des produits divers de l'industrie, soit par l'énorme accroissement que prendrait cette consommation, par la réduction de prix, résultant de l'abolition des impôts, qui les mettrait à la portée de toutes les ressources, et par suite, de l'aisance, du bien-être et de la moralisation, qui en résulteraient pour la masse des travailleurs.

Mais, par contre, le chef de l'état, l'ambassadeur, le ministre, l'officier général, l'évêque, le représentant du peuple, le médecin, l'avocat, le notaire, l'avoué, l'huissier, l'agent de change, l'ecclésiastique, l'officier subalterne, l'employé d'administration, l'employé ou chef d'industrie ou de commerce, etc., qui ont des 600,000 francs, des 50,000 francs, des 30,000 francs, des 15, 10, 5, 3 et 2,000 fr. d'appointemens, qui ne payent rien aujourd'hui ou presque rien, pour leur travail ou le revenu de leur capital personnel, et qui jouissent de la protection de l'état, pour le moins autant, sinon à un plus haut degré, que le simple travailleur d'industrie, dont le capital est tout à fait de même nature que le leur, payeraient, le premier, 30,000 francs; le second, 2,500 francs; le troisième, 1,500 francs; le quatrième, 750 francs; le cinquième, 500 francs; le sixième; 250 francs; le septième, 150 francs; et le huitième, 100 francs, etc. Ce qui est mille fois trop juste, et n'apporterait aucune réduction sensible, dans leur consommation des produits de l'industrie, dont ils ont l'habitude.

La contribution portant ainsi sur le revenu, d'une manière exclusive, porterait sur tous les produits de l'industrie, puisque tous résultent des capitaux personnel, mobilier et foncier, et de telle sorte, que quoiqu'atteints, dans une proportion parfaitement relative à leur prix, ils le seraient bien au-dessous de ce rapport, parce qu'on ne tiendrait généralement pas compte de la contribution, dans le prix des services appliqués aux produits.

Du reste, il est bien évident que, par ce moyen, la partie qui s'y comprendrait, ne porterait sur le consommateur, que dans la juste proportion du prix et de la quantité de ceux de sa consommation ; ce qui serait exactement le résultat, que se sont nécessairement proposé jusqu'ici, sans pouvoir l'atteindre, si ce n'est, en partie , par l'impôt foncier, tous les législateurs de l'impôt proportionnel.

Quant à atteindre le revenu personnel , voici ce qu'il y aurait à faire :

D'abord , il faudrait qu'à partir de l'âge de dix ans , auquel il est possible de donner un travail productif, ainsi que l'expérience le démontre, tous les individus des deux sexes, travaillant ou pouvant travailler; c'est-à-dire, se livrant ou pouvant se livrer à un travail productif de gages, salaires, honoraires ou appointemens, fussent passibles de la contribution personnelle, dans la proportion du produit du travail qu'ils font, ou qu'ils pourraient faire.

Il faudrait, ensuite, que tous agriculteurs, industriels et commerçans, et toutes administrations privées ou publiques, ainsi que tous maîtres et maîtresses; en un mot, tous individus des deux sexes, tenant des domestiques, des employés ou des ouvriers, recevant rétribution de leur travail, fussent obligés d'avoir un livre dit des travailleurs, et d'y inscrire les gages, salaires, honoraires ou appointemens, au fur et à mesure qu'ils feraient la paye aux ayant-droit.

Et à cette occasion, qu'ils eussent à retenir à chacun de ces derniers, sur la somme lui revenant, le tant pour cent légal de la contribution, ce dont ils devraient également prendre note sur le même livre, et de manière à faire le brut, la retenue et le net payé.

Que tous les mois, ils eussent à représenter ce livre à leur percepteur, soit pour que celui-ci pût s'assurer de son exacte tenue, soit pour verser en ses mains, la somme de contributions que ce livre indiquerait avoir été retenue, sur les rétributions y mentionnées.

Qu'à la fin de chaque année, ils eussent à remettre, définitivement, ce livre au percepteur, qui aurait à le vérifier, ou à le faire vérifier pour tout l'exercice.

Que dans le but , soit d'assurer la bonne et exacte tenue de ces livres, soit de sauvegarder les intérêts du trésor, ainsi que ceux des travailleurs, ils eussent à faire don, tous les ans, à chacun de leurs domestiques, ouvriers ou employés, et chaque fois qu'ils en prendraient de nouveaux, d'un livret du modèle réduit du livre des travailleurs, et à y inscrire, à l'occasion de chaque paye, et en présence de ceux-ci, le dû, la retenue et le net remis.

Il faudrait, en outre, et dans ce même but , que toutes les fois que domestiques, ouvriers ou employés changeraient de patron ou de chef, ou de lieu, et de plus, à la fin de chaque année, ils remissent leurs livrets de travail au percepteur de l'endroit, qui devrait leur en donner reçus; reçus, qu'ils devraient représenter à tous patrons ou chefs, en entrant en service ou en emploi, sous peine d'être refusés par ceux-ci, qui devraient à leur tour être tenus, sous peines suffisantes, à ne pas les admettre sans cela, et en outre, à remettre ces reçus au percepteur de l'endroit, lors de chaque visite mensuelle, pour leurs versemens.

Pour les cas où, dans les campagnes, les patrons ne sauraient ni lire ni écrire, et n'auraient personne dans leur famille, pour noter la paye sur les livres des travailleurs et les livrets, les instituteurs devraient être tenus de leur rendre gratuitement ce service.

Ensuite, tous jeunes gens ou jeunes filles, mineurs, allant à l'école ou en pension, ou vivant en rentiers, et jouissant de la protection et des services de l'Etat, comme leurs jeunes concitoyens travailleurs, devraient participer à la contribution personnelle, sur le pied du chiffre de la dépense annuelle jugée nécessaire à leur entretien et à leur éducation, pour ceux qui la feraient dans des établissemens payans, et sans y comprendre l'éducation, pour ceux qui iraient dans des établissemens gratuits.

Leurs pères, mères, tuteurs ou tutrices auraient à acquitter la contribution pour eux jusqu'à leur majorité.

Dès l'âge de la majorité, garçons et filles, célibataires ou mariés, vivant en rentiers, devraient être assimilés, pour la fixation de leur revenu personnel, à des individus d'éducation et d'âge analogues, ayant des emplois de commerce ou d'administration, et participer à la contribution personnelle sur le pied des appointemens de ces derniers les plus fortement appointés : car, si la liberté et leur fortune leur permettent de rester oisifs, et par cela inutiles, sinon nuisibles à la société ; l'égalité et la justice exigent qu'ils contribuent aux charges publiques, pour le moins autant que les travailleurs, leurs égaux en savoir, qui concourent par leur travail, à l'entretien ou à l'agrandissement de la richesse publique.

Tous chefs d'agriculture, d'industrie et de commerce, tous médecins, avocats, officiers ministériels, etc., devraient participer à la contribution personnelle, sur le pied du revenu que leur talent, leur capacité ou leur travail, seraient jugés leur produire, par des appréciateurs spéciaux.

Ainsi, ne figureraient nominativement, aux rôles de la contribution personnelle, que les individus des deux sexes, majeurs et établis, travaillant pour leur compte, ou rentiers, tous autres devant se trouver collectivement inscrits aux livres de travailleurs des maisons de leurs travaux ou de leurs administrations, ou compris au compte ou à la cote, de leur père ou mère, tuteur ou tutrice.

Et enfin, ne devraient être exemptés de la contribution personnelle, parmi les individus valides au-dessus de dix ans, que les femmes, mères de famille, ou autres en tenant lieu, et faisant elles-mêmes les travaux du ménage pour les autres membres ; tous militaires, sous-officiers et soldats en activité de service ; toutes religieuses soignant les malades ; et tous religieux ou laïcs se livrant gratuitement à l'enseignement gratuit, ou à quelqu'œuvre de bienfaisance.

D'après cela, il est bien aisé de voir, que rien n'est plus simple que d'atteindre le principal des trois revenus, et de manière à ce qu'il soit à peu près impossible à qui que ce soit, de se soustraire à cette contribution, et, en outre, sans vexer personne.

On ne manquera sans doute pas de remarquer, que par le fait du mécanisme que j'indique, lorsque les travailleurs seront sans travail, ils seront naturellement affranchis de la contribution, puisque leur paie ne sera inscrite sur aucun livre de travailleurs, ce qui est trop juste ; car dans ce cas, leur capital personnel ne donnant aucun revenu, ne saurait être soumis à la contribution ; avantage qu'ils sont loin d'avoir avec le système actuel d'impôt.

Quant au revenu mobilier :

Il est assurément beaucoup moins facile à connaître, que le revenu personnel ou foncier ; cependant, il est possible d'y parvenir, sinon d'une manière précise, du moins très approximative, par comparaison ou induction, au moyen d'enquêtes faites par des agents spéciaux.

Ainsi, on sait à Paris, et dans toutes les grandes villes de France, (je laisse de côté les petites et les campagnes, où la position de fortune du voisin est connue de chacun, presqu'aussi bien que la sienne propre), ce qu'il faut de rente à un individu, qui ne se livre à aucun travail rétribué ou de commerce, pour pouvoir se loger dans tel quartier, ou telle rue, dans tel appartement, sur le devant ou le derrière, au premier ou au deuxième étage, etc., avec tel mobilier, ou pour vivre, sans ou avec tel personnel de cuisine, de salle, de chambre, d'écurie ou de bureau, etc., sans ou avec tel nombre de chevaux, de voitures, etc.

Si le même individu a un emploi ou revenu personnel, et un revenu foncier, desquels il est toujours facile de connaître l'importance, et avec cela, un train de maison ou de vie, exigeant plus que la somme de ces deux revenus, on peut bien, d'après ce train, dont la dépense est toujours appréciable, évaluer le quantum de son revenu mobilier, à l'importance de la différence.

Mais dira-t-on, peut-être, s'il plaît à un individu de se ruiner, il peut bien par de folles dépenses, paraître avoir un revenu qu'il n'a réellement pas.

Sans doute, et malheureusement pour la société, il arrive trop souvent à certains de ses membres, de mettre leur fortune à l'épreuve de jouissances ou de hasards, qui ne les font aboutir qu'à la misère et à ses funestes conséquences, pour la société et pour eux; mais les positions de ces insensés sont parfaitement transparentes et visibles, pour l'œil tant soit peu expérimenté; d'ailleurs, ces malheureux ne sont qu'en infime minorité, ne sont qu'une imperceptible exception, car la généralité des gens riches, tient toujours sa dépense un peu au dessous de son revenu, ou au moins au niveau.

Or, dans l'espèce, c'est la généralité qu'il faut voir et non l'exception ; rigoriser à cet égard, serait une petitesse à laquelle je pourrais d'ailleurs opposer, que quoi qu'on ait pu faire par les patentes et les cotes mobilières, pour atteindre exactement le revenu mobilier, on n'y est arrivé que d'une manière non seulement imparfaite, mais inique, ainsi que je l'ai avancé plus haut.

D'un autre côté, on m'objectera peut-être aussi, qu'il y a des rentiers, dont le train ne représente qu'une très faible partie de leur revenu mobilier.

C'est encore vrai, mais comme, en général, la fortune n'a de prix que par l'étalage qu'on en peut faire, et la jouissance qu'on y trouve, en dépensant ainsi son revenu, cette objection ne porte que sur ce petit nombre de cuistres, aussi insensés et nuisibles au corps social que les dissipateurs, et dont, par les raisons précédentes, il ne faut tenir aucun compte, et en outre, parce que les agens spéciaux ne manqueraient pas de découvrir la vraie position de ceux-ci comme celle des précédens, pour le plus grand avantage d'ailleurs de ces insensés et de la société, car la divulgation de leur turpitude les en guérirait infailliblement, et retiendrait ceux qui pourraient être enclins à entrer dans l'une ou l'autre de ces stupides voies.

Mais les commerçans, les industriels, dira-t-on peut-être encore, comment connaître leur avoir, dissimulé qu'il est par le crédit, au point que telle maison, qui représente une grande fortune mobilière, n'a quelquefois rien en réalité ?

Ces positions, ne résisteraient pas plus aux investigations des agens spéciaux des contributions, que celle des autres, puisque le simple, mais vrai commerçant, qui n'agit qu'avec la plus grande discrétion, et n'a que des moyens très restreints, lorsqu'il est obligé de prendre ses précautions pour ne pas aventurer ses crédits, trouve le moyen de parvenir à connaître celles qui l'intéressent.

Mais, ajoutera-t-on infailliblement, ces investigations officielles dont les résultats seront inévitablement livrés à la publicité, seront on ne peut plus nuisibles au crédit des commerçans.

Oui, mais seulement à celui des commerçans en mauvaise position, ou abusant de ce précieux moyen de commerce; car pour tous ceux en bonne position, et qui n'en font pas usage, ou n'en font qu'un usage modéré, ils y gagneraient d'autant plus, que leur position et leur manière prudente de travailler serait mieux connue, ce qui, loin d'être nuisible, serait d'une utilité immense, contre les ruineux abus du crédit (vice‑social, sans cela, à peu près incurable), et faciliterait au plus haut degré son développement normal; car alors on pourrait l'accorder, à peu près en toute sécurité, puisqu'on connaîtrait d'une manière, presque certaine, la position de fortune de ses débiteurs.

Pour les cas, du reste, où la fortune mobilière des contribuables serait en rentes sur l'état, ou sur les entreprises industrielles, ou en contrats, il serait très facile à l'administration d'en connaître l'importance.

En somme, il est une foule de signes, d'indications et de moyens de notoriété publique, pour arriver à la connaissance des revenus mobiliers, quelque affectés ou dissimulés qu'ils soient, et avec lesquels les agens des contributions se familiariseraient promptement, et de manière à découvrir la vérité, sans qu'il fût nécessaire, à cet effet, de violer le secret des affaires d'intérieur, même dans les plus grandes villes, et à plus forte raison dans les petites et les campagnes.

D'ailleurs, l'intérêt que tout le monde aurait à ne pas payer les contributions pour autrui, à cause de la parfaite solidarité contributive qu'il y aurait alors entre tous les citoyens, serait d'un puissant secours, pour les agents de l'administration, parce que chacun leur ferait part de ce qu'il saurait, touchant les récalcitrans ou les fortunes dissimulées; il est même à peu près certain, qu'il n'y aurait pas de récalcitrans, que chacun comprendrait tout de suite, les avantages immenses et la justice de la répartition que je propose, et que la raison d'accord avec l'intérêt, produiraient infailliblement la bonne foi chez tous les contribuables, et leur concours le plus zélé à l'action du pouvoir.

En tous cas, pour éviter toute fixation arbitraire de revenu, il n'y aurait rien de plus simple, que d'en dresser des rôles provisoires, d'après les notes des agens spéciaux, et d'appeler chaque contribuable, préalablement avisé du chiffre le concernant, à en discuter la fixation, contradictoirement avec le conseil de répartition, en ayant égard à ses assertions appuyées, sur des titres, pièces, livres ou déclarations de tierces personnes, dignes de foi, ou dans la mesure de leur véracité.

Au moyen de ces diverses précautions, et la garantie d'impartialité des conseils de répartition, issus du suffrage universel, et dont on pourrait garantir encore mieux les lumières et l'impartialité, en les nommant tout exprès pour cette destination, et en nombre assez important pour le meilleur résultat possible, il ne pourrait, je crois, s'élever aucune objection, tant soit peu fondée, sur cette manière d'arriver à connaître et atteindre le revenu mobilier, ainsi que les personnel et foncier, en ce qui touche à l'appréciation.

Et enfin, pour que nul ne pût prétexter, tant soit peu, l'arbitraire des fixations des cotes, toutes contestations trop opiniâtres entre les contribuables et les conseils de répartition, et sur la demande de l'une des deux parties, pourraient être déférées au jugement souverain de trois arbitres, pris parmi les plus forts contribuables des revenus contestés, et nommés, l'un par le contribuable contestateur, l'autre par le conseil, et le troisième par le curé ou le personnage le plus considéré du lieu.

Les rôles de la contribution mobilière et foncière, ainsi que de la personnelle, en ce qui touche aux cotes nominatives, étant définitivement arrêtés, devraient être publiés, dans chaque commune, afin que les contribuables, par la comparaison de leurs cotes, pussent en scruter la fixation, ce qui aboutirait à faire connaître, le plus exactement possible, l'importance la plus réelle des revenus de chacun, et permettrait l'année suivante, de dresser les rôles avec la plus grande facilité.

Voilà ce qu'il y aurait, à faire à mon avis, pour asseoir et prélever la contribution publique, suivant le vrai principe de la proportionnalité.

Maintenant, ce qu'il y a à faire pour répartir les charges publiques, dans la plus juste proportion possible du revenu de chacun, sous le rapport du remplacement militaire, c'est tout naturellement, d'établir cette charge sur le principe de la proportionnalité du revenu, tout en abolissant l'infâme trafic auquel elle donne lieu, et qui est une honte pour notre civilisation.

Pour atteindre ce double but, il faudrait transformer le remplacement, en dispense du service militaire, et faire payer, entre les mains de l'Etat, par chaque dispensé, le revenu d'une année de ses divers capitaux, et de ceux qu'il aurait à prétendre du chef de ses père et mère.

Ainsi, celui qui n'aurait que le revenu de son travail, valant supposons 300 fr. l'an, si ses père et mère n'avaient que leur travail aussi, il ne devrait payer que 300 fr. pour sa dispense; si ceux-ci avaient en même temps un revenu mobilier de 200 fr., ce serait 500 fr. qu'il aurait à la payer; s'ils avaient, en outre, un revenu foncier de 200 fr., ce serait 700 fr. ; mais en supposant qu'il fût leur seul enfant, car s'ils en avaient un autre, le jeune soldat ne pourrait prétendre qu'à la moitié de l'héritage de ses auteurs, et ne devrait, dans ce cas, payer sa dispense que 500 fr. ; la moitié, soit 200 fr., étant la part revenant à son frère ou à sa sœur, sur le revenu mobilier et foncier de la famille, et ainsi de suite, depuis les plus petits revenus jusqu'aux plus grands, et relativement au nombre d'enfants.

De la sorte, celui qui n'aurait qu'un revenu annuel total de 300 fr., ou inférieur, pourrait se faire dispenser du service, pour cette somme, mais celui qui en aurait un de 5, 10, 20, 30, 50 ou 100,000 francs, etc., ne pourrait s'en faire dispenser, que moyennant celui de ces revenus annuels, qu'il posséderait ou auquel il aurait droit; ce qui est mille fois trop juste, et produirait l'avantage d'amener sous les drapeaux, les jeunes gens riches aussi bien que les pauvres, car les pères de famille ne seraient pas toujours disposés à payer pour leur fils, le prix de la dispense, et de procurer ainsi à l'armée, qui a tant de difficultés pour bien remplir ses cadres, une foule de sujets instruits et bien élevés, dont le remplacement et son vil prix pour le riche, la privent aujourd'hui, pour ne lui donner, en échange, que des remplaçants généralement vicieux et stupides.

Or, en employant le montant annuel de ces dispenses, en primes de réengagement aux sous-officiers et soldats de la libération de chaque année, qui voudraient se réengager, ou qui y seraient admis, on arriverait, et au-delà, à suppléer aux jeunes soldats dispensés, tout en conservant à l'armée ses meilleurs sujets, et en leur préparant une meilleure position pour l'époque de leur retraite, ou pour celle de leur sortie du service, après le second ou troisième engagement; car il serait de leur intérêt, de ne leur payer ces primes qu'à leur sortie de l'armée, et de ne leur en servir, jusque-là, que la rente.

Alors, les charges publiques, en général, seraient réparties dans la plus juste proportion possible du revenu de chacun; alors ce serait faire de la vraie politique et gouverner utilement, tant sous ce rapport, que sous celui de la contribution.

Maintenant, quant à *gouverner dans la plus large limite de la liberté, de l'égalité et de la fraternité :*

Quant à la liberté, sans laquelle les facultés de l'homme ne sauraient s'exercer que contre son intérêt, celui de la société et les desseins de Dieu :

Est-ce gouverner dans la plus large limite de ce droit des citoyens et des nations, que d'enlacer le travail, ou l'agriculture, l'industrie, le commerce, les sciences, les mœurs, les idées, les inventions et les relations internationnales, dans le filet inextricable, anti-social et odieux, de l'impôt indirect, de ses prohibitions, restrictions, exercices, charges, et pénalités, au point, de mettre les citoyens dans le cas de ne pouvoir faire usage de leurs facultés physiques et intellectuelles, soit de produire, échanger, consommer faire circuler et voyager, tant à l'intérieur qu'à l'extérieur, sans la permission de cette espèce d'inquisition, aux 70,000 membres, que nous appelons le fisc, et sans la possession, achetée plus ou moins cher, de ses permis appelés, patentes, passe-avants, acquits-à-caution, cautionnements, passeports, papier timbré, brevets, diplômes, etc.

Que d'attenter à la liberté individuelle, dans les cas de non-paiement de dettes contractées, d'une manière tout-à-fait libre et contradictoire; et aux droits politiques, en mettant certains membres de la société, jouissant d'une considération politique et sociale irréprochable, dans l'alternative de falloir, ou renoncer à leur position et à leur avenir, on au suprême honneur de représenter leur pays?

Quant à l'égalité, sans laquelle il ne saurait y avoir ni justice, ni ordre permanent possible :

Est-ce gouverner, dans la plus large limite de ce droit, que de répartir les charges publiques de manière à en écraser le travailleur pauvre, soit la masse, ainsi que la propriété foncière, et d'en affranchir, en quelque sorte, le travailleur riche et la propriété mobilière?

Que de faire des fonctions et de l'avancement, le privilége de la servilité, du népotisme et de l'incapacité, ou de l'argent?

Et, enfin, que de dispenser, ou à peu près, le riche du préjudice et des dangers du service de la patrie, et de les mettre exclusivement à la charge du pauvre?

Quant à la fraternité, sans laquelle la vie sociale n'est qu'un immoral et sauvage état d'anarchie :

Est-ce gouverner dans la plus large étendue, et pour le plus grand développement de ce devoir, que d'ouvrir toutes les digues au torrent dévastateur de l'égoïsme, que de provoquer toutes les perturbations politiques et sociales, par l'étouffement de la liberté, le mépris de l'égalité, la misère et la démoralisation qui s'ensuivent ?

Oh ! il faut que des siècles de routines, nous aient pétrifié l'intelligence, pour ne pas comprendre que ce n'est pas de la politique, que ce n'est pas gouverner, mais opprimer, tyranniser, gangrener, ruiner la société, et la pousser, avec une force et une rapidité effroyables, dans l'abîme de l'anarchie et des révolutions, qui en a englouti tant d'autres, dont à peine le nom nous reste ; car encore un pas dans cette voie fatale, et la France n'existera plus que dans l'histoire.

Une telle catastrophe, ne saurait être conjurée, que par l'application des voies et moyens divers que j'ai proposés, et qui sont tout simplement la mise en pratique, de la liberté, de l'égalité et de la fraternité, sans laquelle, il ne saurait y avoir de politique vraie, ni de gouvernement utile.

Avec une telle politique, en effet, l'agriculture, l'industrie et le commerce, ne pouvant qu'être en pleine prospérité, tant à l'intérieur qu'à l'extérieur, l'abondance du travail, la facilité du crédit, l'utilisation de tous les capitaux, la vie et les contributions à bon marché, la gratuité des services publics, et les bons rapports avec les pays étrangers, répandraient l'aisance et le bien-être dans toutes les classes, préviendraient la démoralisation, les délits, les crimes, et la désolante nécessité de leur expiation, feraient cesser toutes les divisions politiques et sociales, éteindraient toutes résistances, irritations et rancunes, des gouvernés envers les gouvernans, feraient aimer et respecter la France par les pays étrangers ; permettraient à l'État de simplifier au, plus haut degré, les services publics, le dispenseraient d'entretenir et mettre à la charge des contribuables, des légions formidables et ruineuses de soldats de terre et de mer, d'agens de fisc et de police, et tout le matériel nécessaire, indispensables aujourd'hui, soit pour la rentrée des deniers publics, soit pour comprimer la fermentation permanente des masses, provoquée par la misère, soit enfin pour nous mettre en garde contre les entreprises de l'étranger, effrayé, et avec juste raison, par notre politique incertaine à son égard, notre fièvre révolutionnaire, sa terrible contagion, et les proportions menaçantes de nos armemens.

Le gouvernement n'ayant, dès lors, plus rien à craindre du côté de l'intérieur ni de l'extérieur, et se trouvant débarrassé de toutes ses complications de personnel inutile, et de travaux inspéciaux, mais surtout des finances, ce rocher de Sysiphe, qui absorbe toutes ses forces physiques et intellectuelles, et qui menace sans cesse de l'écraser et la société avec lui, ayant à la tête de tous ses services et dans leurs détails principaux, des hommes spéciaux, actifs, et responsables, secondé par l'opinion publique et la représentation nationale, avec l'énergie et le dévouement que lui vaudraient son zèle pour l'intérêt public, pourrait fonctionner avec une facilité, une précision et une activité telles, que loin d'user, comme aujourd'hui, les hommes d'état les plus renommés à sa direction, presqu'impossible avec quelqu'utilité, tout citoyen, pénétré de la politique simple, exposée plus haut, doué d'un jugement sain, d'une intelligence droite, d'un caractère ferme et honnête, et dévoué à l'intérêt public, pourrait en prendre les rênes, soit comme chef, soit comme ministre, sans qu'il y eût à craindre de le voir faire fausse route.

Alors la révolution commencée, depuis soixante ans, serait accomplie.

Alors commencerait, réellement, l'ère de la liberté, de l'égalité et de la fraternité.

Alors la voie de décadence dans laquelle nous marchons, serait fermée, et celle du progrès et de la véritable civilisation, ouverte devant nous.

Alors, enfin, la richesse, le bien-être, et la puissance de la France, prendraient l'immense développement dont ils sont susceptibles.

Tels sont mes idées, voies et moyens, touchant la politique que je crois indispensable au salut et au bonheur de mon pays. Je les livre hardiment au jugement de l'opinion publique, persuadé que si elle ne leur trouve pas toute l'utilité que j'en ai déduite, elle fera ressortir celle qui peut s'y trouver ; trop heureux, du reste, si à défaut de plus grande, ils avaient celle d'amener sur le m   in tous les penseurs compétents, et faisaient jaillir de le   s méditations, la définition la plus vraie, du but et des condition du travail politique, et les moyens les plus parfaits de son application.